師資培育/養成教育的一本入門書

這樣當老師

是那些老師和學生教我如何當老師的

邱珍琬 著

老師不是一天養成的，那些人、那些事所教我的，

走過教育現場的槍林彈雨後，你才能練就一身「當老師」的本事

自序

總是在過了一段時間有新的感受與發現，這是新書醞釀的起始。最近將Frank McCourt（2005）的《Teacher Man》看完，心有戚戚焉。只是在閱讀其作品時有笑有淚，不知道自己寫相似的題材時，會有什麼景況出現？萬一又變成說教式的文字，豈不讓人大失所望？我的外表給人的感受是嚴厲、不苟言笑的，以前的學生說：「老師，妳總是先嚇唬我們，可是一接觸、一上了課，才知道完全不是那麼一回事！」只是沒有太多人待得夠久、能夠了解這個「祕密」。

我的教學生涯從師大畢業回鄉任教國中，後來辭職去念研究所、休學之後成了流浪教師，發現竟然考不上公立教師資格，然後歷經私立學校教師、公立高中教師，目前是擔任大學與研究所課程，也就是接觸了從國中到大學、研究所，甚至在職班成人的族群，唯一沒有接觸到的就是國小與幼兒園。我倒是希望自己有機會可以接觸幼兒園與國小階段的學生，但是這些幼教與國小老師都「嚴正」警告我：「偶而玩玩小朋友還可以，等到眞正要教他們就不好玩了！」也因此到現在，我也只能與這些族群的小朋友維持「玩伴」的關係。

《心靈雞湯》裡面有一則述說一位高中老師的故事。有一天放學之後，老師在教室裡，突然有一位二十多歲的女孩抱著一個幼兒來訪，女孩說是老師之前教過的學生，但是老師已經記不起來。這位女孩提起一段往事，她說那一年她高一，上當天最後一堂課，正好是這位老師的英文課，老師發下作文，走到她的身邊時說：「我很喜歡妳寫的這篇作文。」女孩說那天她本來準備放學之後、趁母親與繼父去旅遊時，要在自家車庫引廢氣自殺，因爲她受繼父性侵幾年、已經受不了了，想要一了百了。但是當老師誇獎說「我很喜歡妳寫的這篇作文」時，她想到其實自己還不錯，因而當晚她就回家收拾衣物、住進中途之家。現在她已經成家，也有了自己的孩子，因此特地前來向老師道謝。這位老師回到家後與妻子提到今天發生的事，他說：「如果我當初沒有說那一句話，後果又會如何？」我常用這個例子來說明「教書是很危險的行業」。是啊！學生仰賴我們，如果我們的一言一行稍不謹慎，就可能成爲錯誤示範，甚至傷害到學生，怎麼可以不謹愼行事？

我自師大畢業開始，曾經任教過不同等級的公私立學校，輾轉從公立國中、私立中學與職校，到公立大學，擔任過英文、輔導與諮商等科目教師。我其實對自己的教學風格相當模糊，許多資訊都是同事或是同學轉述給我的。

像我剛到屏東任教的時候，系主任偶而會告訴我，學生在BBS站的留言。我第一次還煞有介事地問道：「什麼是BBS啊？」後來我終於弄懂了，也上去回過幾封信，但還是決定不受現代科技的「過度」干擾，偶而有聽聞「大事紀」才會去瀏覽一下。我使用電子郵件的時間也相當晚，都是逼不得已才會硬著頭皮去認識、去了解。這樣的「冬烘」心態其來有自，就像二十年前自己去美國留學，將電腦當打字機來用一樣。我剛回國的時候連中文打字都不會，是我的建中學生教我「釣魚」、嚴禁「餵魚」給我，我才慢慢領悟的。現在我一小時可以打超過二千字，眞是「神來之筆」？不是，是因爲「訓練有素」！

寫這一本書的另一個原因是：希望在自己未罹患老年痴呆症之前，將該記錄的事記錄下來。寫這些故事很隨性，但是儘量以眞實的記憶去寫。因此，我也不避諱將自己的學習忠實記錄下來。全書故事的安排是以時間序爲主，也可以讓讀者看見成長的脈絡。最後，身爲教育工作者與諮商師，我很感謝我的學生與當事人，若不是他們，我無法成爲今日一個「較好」的教師與諮商師。

我常常想：一個人的社會地位或專業程度越高，並不是一個人可以獨力成就的，而是因爲我們受益於豐厚的社會資源，也因此應該回饋社會更多。謝謝我的學生們與當事人們！謝謝！

目錄

Contents

目錄

Contents

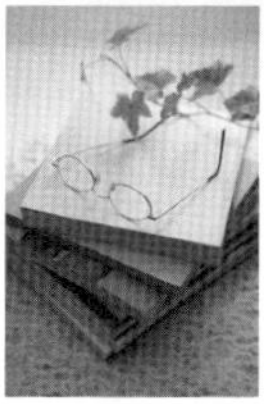

TEACHER

第一篇

林林總總

一、家教經驗

上師大第四天，我就開始了漫長的家教生涯。此後除了寒暑假之外，幾乎每天都有家教，最多的時候是週一到週日、同時有四個家教。雖然當時許多同學也有家教，而且師大的學生似乎也是家教的「搶手貨」，但是我的家教目的卻主要是維持生計。

由於父親「認為」師大是「公費」學校，「理應」一切免費，他不清楚我們只免繳學費與學雜費，固然一個月會有二千元左右的公費，但是仍不足以因應生活費。一直到有一次，父親與一位女兒也念師大物理系的同事聊天，對方問起：「你一個月寄給你女兒多少錢？」父親才恍然大悟，於是連續寄給我二千元兩個月。後來我告訴他，我自己會賺生活費，他才沒有持續寄。我大一下學期時，大弟因打架自省中休學、轉到台北的私立高中，除了父親寄給他的補習費之外，我還必須要負擔他的生活費，肩上的重擔可謂不輕。但是在那個時代，父親一人撫養我們六個孩子，經濟壓力本來就重，我是第一個負笈離家的孩子，不應該增添他的壓力。

我接觸了不同背景與類型的學生，有些家境優渥、有些家庭結構迥異，也是相當有趣的觀察。有一個家教工作是同學讓給我的，在國父紀念館附近，那位學生的家境讓我瞠目結舌，因為光是中間休息的點心就可以當作我的晚餐！還有一位是家裡的獨生女，其他手足都是男性。家中母親權力最大，雖然這位母親有點霸氣，但是我也很同情她的立場，彷彿家裡只有老大可以分攤她的責任。只是當我看到那位老大時，總覺得他自信不足。後來我也發現家教學生與其二哥也是如此，只有最小的么弟似乎承襲了母親的「霸」、頤指氣使。

也碰過離異夫妻所收養的孩子，家教費是父親那邊支付，但是上課地點卻在學生母親處。學生母親總是與一些貴婦打麻將，讓傭人協助家教學生的衣食，感覺上學生很孤單，我似乎成了她唯一的玩伴。當時我上的是英文，學生常常要跟我談其他的話題。在最初時，她總會有一些淘氣的舉動，然而當彼此漸漸熟悉，她的許多表現也很貼心。後來因為她要出國念書了，才停止這個家教關係。學生當時有難過的情緒，我可以感受得出來，只是也無法改變什麼。這些家教經驗，讓我意識到家庭環境的重要性。家長固然可以提供孩子不錯的物質條件，但是「有心」更重要，不是將教育工作委外就可以，而是需要適度地配合，甚至是去了解孩子的需求與想法。

我在大一上開始，教一位小我四歲的自閉症兒（正確說法應該是「亞斯伯格症」），對我來說真是很棒的經驗。這個家教一直延續到我大學畢業，後來還教學生的妹妹，與他們一家五口成了忘年之交。這個情誼還延續到現在，雖然家教學生的父親多年前過世了、兄與妹也已經成家，只有寡母與學生同住，但是為了讓學生可以發揮才能、在社會上謀生立足，我們共同努力過，這樣的革命情感讓我們緊緊團結在一起！

由於學生家長是在年紀過了四十才生孩子，因此當他們發現孩子有障礙時，總是先譴責自己。只是既然已經成事實，接下來要考慮的就是怎樣教育孩子、讓他可以更順利成長？我記得當時學生父親希望可以將孩子送到養護機構，因為他擔心萬一自己過世，孩子該怎麼辦？總不能讓兄妹來接手照顧吧？但是學生母親不願意放棄，我也發現學生除了數理能力較差、與人互動技巧需要練習之外，他其實有非常驚人的記憶力，而且對語文與其他事物都充滿好奇，甚至可以在書店看書數個小時而不覺得疲累。學生母親要送孩子去學刻印，我說現在刻印已經不是維生之道，或許可以學學其他的。於是這位母親就開始讓孩子去探險，而每次在執行計畫之前，學生母親都會與我商議，我們都贊成讓學生去體驗、練習，不要因為擔心他受傷或被歧視，而限制他的學習與發展。後來學生在高中畢業之後，到公家機構去工作，轉眼間已經將近二十年。而且他每天生活規律，母親還為他的未來做了準備。前幾年學生父親突然過世，學生竟然也會握著父親的手、要父親放心走。學生母親常常跟我說：「幸好那個時候沒有放棄他！」我看到勇敢母親的愛！

這是我第一次接觸學生，而且很有挑戰性。我不會將他視為特殊孩子，因此希望他每一次的學習都可以有效。雖然他花了比一般學生更多的時間才學會，但是我看到他的許多優勢，包括非常厲害的記憶力。所以，後來他可以背許多不同語文的字典，而且沉浸其中、樂此不疲。我曾經介紹過許多書籍給他，他特別喜歡英文的原文書，只是囿於表達能力（這是高功能自閉症的情況之一），無法與我分享太多。但是我希望他可以有獨立生活的能力，畢竟每一個人都只能陪我們一段時間，父母親或是親人當然也不例外。儘管學生是高功能自閉症患者，經過長時間的訓練與學習，也可以過自己的生活。我記得第一次教學生在母親節向母親表示感激時，還特別與他約在外面，然後一起選購花。當學生母親拿到兒子所獻的花時，她的感動不言可喻！後來她也相信，我要學生去試煉、體會的作法的確有道理在！其實，我那時雖然修了一些特殊教育的課程，但是對於自閉症是非常不熟悉的。後來看到電影「雨人」，才更了解自閉症的發展與需求。

有一回，學生父母出國一段時間，當時那位母親很擔心孩子不能獨立生活。後來發現孩子過得很好，夫妻也就比較放心，常常出國旅遊，也圓了學生父親回大陸去探訪親友的宿願。我不相信保護就可以讓學生的未來更好，只要他可以多學會接觸人群、多學習一項技藝，即使不如理想，也可以有收穫。這樣的教學理念，我一直保留到現在。現在這位學生不僅在公家機構已經服務近二十年，並且還升等、受到獎勵。每年特別的日子（教師節與春節），他都會記得寫卡片給我，而且都是出自他自己的想法，我收到也都會回他卡片。

儘管遭遇到不同類型的家教學生與家庭，但是多數家教學生都比較被動，因而必須要思考採用何種教學方式引發他們念書的動機。我把許多心理學的概念運用在學生身上，特別是鼓勵的方式。我不只讓學生與同儕比較，最重要的是讓他們自己與自己比較。昨日之我與今日之我就是最好的對照，這樣不僅可以增加他們對自己的自信，也減少了所謂的「惡性競爭」情況。

家教經驗讓我明白，光是自己了解、不一定會教，還得要了解學生的能力、性格與學習習慣（或方式），然後才有可能進一步讓他們做最佳的學習而得到較好的成果。有時候並不是因為學生資質駑鈍，而是可能經歷了一些生活事件，讓他們缺乏學習動機或資源。只要真心去了解，學生其實都會為自己努力。我也學習到：教學不是老師單方面的努力或是灌輸就可以，得要取得學生「願意」合作，教學的效果才會展現。此外，教學不僅是教授教科書上的知識而已，許多的影響都是潛在的，當然學習也是潛在的。因此，要特別謹慎小心。每一次家教我都盡可能讓自己有所準備，這樣才有明確的進度。然而如果學生當天的學習態度不佳，那麼就需要放下教學，好好去傾聽他們的心聲。

每個晚上，我除了週末以外，時間幾乎都花在家教上，因而擠壓到我的學習。所以，要念書就要「偷」時間。當時也開始替一些報章雜誌寫特約稿、貼補生活費。因此，養成了許多有效率的讀書方式，包括：利用等公車時間背單字。那時我們班上同學感情非常好，同寢室的可以一起相約練習口說英文；好朋友也會互相介紹書籍一起分享，甚至比賽誰看書速度最快。偶而參加校外的室友聯誼，遊走在不同的社團之間。球沒少打、歌沒少唱、該玩的也玩到，雖然我總共修了一百七十九個學分，大學時光卻沒有白白度過！

二、典型在夙昔

我因為是念培養中等教師的師範大學，因此在大學四年的訓練都是以「專業教師」的培養為目標在受訓。後來發現自己的教學要求與風格，受到一路成長過程中許多教師的影響，好的教師成為我的典範，可以觀摩、學習；不良的教師讓我引以為鑒，不要再蹈其覆轍。我的啓蒙教師看見我的潛能，培養我作文、書法與繪畫的能力，現在這些都成為我的興趣，也是充實生活的良伴。

以前在小學重視五育均衡發展，所以我們在藝術、體育方面的能力都不錯。另外，也可能來自父親的基因與培養，我的運動能力讓我有很健康的嗜好，並且喜歡嘗試新鮮運動。升上國中之後，我碰到了欣賞我的老師，讓我可以持續在寫作方面堅持下去。高中導師的相信、數學老師的信任，讓我從一個沉默、憂鬱的少女，成長為較開朗、願意表達意見的女性。而身旁同儕的優秀，更讓我的眼界大開，願意繼續知識的冒險。

在大學時代遭遇過不少的良師，他們的關愛讓我可以在艱困中，依然堅持自己的信念；是因為他們的身教，讓我更珍惜自己的學習，願意將教學當作自己的志業來經營。我大一的英文老師是一位和藹可親的人，他當時將我們班當成「優等班」，使用「全英文」上課，結果許多同學都睡著了！後來兩堂課之後，他就改變了上課策略。因為我自視太高，認為內容太簡單，而老師上課方式又較無變化，所以只要上此堂課，都會隨身攜帶另一本書來看；只要有機會，我會拿出來，因為我怕在課堂上「浪費時間」！

有一次我正津津有味地看著《杜月笙傳》第三集，低頭卻看到一雙鞋子，猛然抬頭才發現是英文老師在那裡對我微笑！我覺得很愧疚，因為對老師很不尊重，但是老師並沒有指責，所以我就「戒」掉了這個習慣。沒想到老師期末還是給我很高的分數，他甚至幾度邀請我們這些窮學生到家裡去用餐、活動，老師夫婦膝下無子，他們真的是將我們當作自己的孩子。後來老師說他沒有再教教育心理與輔導學系的課了，我問：「是不是因為教到我們，讓你失望了？」老師說不是因為這個原因，我才放心。後來我跟老師保持聯絡，到現在老師都八十歲了，身體還很硬朗。我每年會去看他們、閒話家常。老師還是我的出版作品的忠實讀者，會給我寶貴的評價，我從他那裡獲益匪淺。

大二的導師陳老師也是一位典範，我們只知道她年輕時就失去丈夫，獨力撫養子女成人，那時她的孩子都還小。我上了陳老師幾堂課，獲得最多的是她的關切與欣賞。我記得那時我們國家在國際間發生了許多事件，許多同學都希望可以聯合附近的台大與政大，做一些抗議活動，只是校風保守的師大不准我們這麼張揚！我也因為自己是一個愛問問題的學生，招惹一些老師的不快，但是陳老師都採取安撫的動作，她至少願意傾聽，這一點實屬難得！有一次的系活動，我將所有老師的名字做串聯、編成一齣劇，結果系主任非常惱怒，認為我不尊師重道，只有陳老師與楊教官認為這只是學生創意的發揮、無傷大雅。然而這件事情之後，我也成為系主任的眼中釘。

楊教官自大二時就帶領我們，他之前是在政大服務，對於師大的學生他寄望很深。我們就像是他的小孩一樣，在招惹麻煩時，他總是為我們善後。我記得他當時最頭痛的兩個學生——一位是我、一位是後來擔任國中校長的林——當時我大二、林大一。系主任因為我養的白老鼠落跑，又在課堂上「公然」要求他「備課」之後，非常生氣地周告大家他要「當人」，我同班同學與學長姐都很擔心我，楊教官還特別詢及詳情，他其實是站在比較同情的立場。因為在那時的教育氛圍下，學生反對老師就像「小蝦米對大鯨魚」一樣，毫無勝算！

教官常常找我談話，動機都不是要我「順服」，而是要我把眼光放遠一點，不要意氣用事。我記得教官相當信任我，我也重承諾。要畢業之前，教官希望我可以「完整地」將「制服」穿出來一次，我向來不喜歡我們的大學服，但是師大的傳統是每週三全校升旗時要穿著校服去升旗。畢業前最後一次升旗，教官走到我面前停了一下，我萬事俱備、只欠領帶，我笑笑看著他，然後伸手自口袋拿出同學替我結好的黑領帶、掛上脖子，教官當時笑著拍拍我的肩說：「我知道妳說到做到！」畢業幾年後，發生華隆吸金案，已退休的楊教官竟然也是受害者之一，他為了替投資者爭回權益，搭機去與業者商議善後事宜，卻碰到苗栗大空難！我後來知道這個消息，是因為大妹的學生就是楊教官的女兒。大妹說教官身後留下一女與失明的妻子，景況堪憐！現在，我偶而也會想起教官微笑的臉，還是覺得感傷。

大一體育課的朱老師，也是一位恂恂長者。我有一陣子因為家教錢還未領，但是球鞋卻破了，於是就有幾次上課是光著腳丫子在球場上活動。老師注意到這一點，有一回把我叫到一旁無人處，伸手就從上衣口袋掏出一百元說：「這個錢拿去買鞋！」我堅決不收，也答應老師下一次一定穿鞋來，但是我那時還是忘了，就臨時向歷史系的朋友借鞋，卻因為尺寸不合、穿了會痛，後來打球時還是脫了，老師當然也看見，表情有點難過。這個事件我緊緊記在心上，因為感受到老師的關心以及對他人承諾的重要性。另一位體育老師也很有趣，她知道我有運動細胞，但是不願意花工夫練習，常常就在打球時找我作球伴，我在這樣的訓練中培養出能力與技巧。後來出國進修，還連續三年被選為羽球選手，每回都拿到獎項。

上變態心理學與人格心理學的黃老師是我最尊敬的長輩，他教學認真、毫不馬虎，連我們要出國念書的推薦信，都只有他是親筆寫的。他上課態度的認真，可以用一件事來說明。那時候有「婦女節」，班上有三十多人都是女性，在三月八日那一天，其他老師都讓我們放假，黃老師卻堅持上課。當時我們還與班代約好說：「起立、敬禮之後，我們就喊『謝謝老師』！」當時師大上課是要做這些禮儀的，但是班代最後卻喊了「坐下」，我們只好繼續上課！黃老師改考卷也是親力親為，我可以在考卷上看到他仔細的批閱筆跡及建議。畢業前上他的最後一堂課，老師將他最新翻譯的書送給每位同學一本，還一一親筆簽名。這位老師以他自己來影響我，不只讓我看見他的認真、專業，更讓我深深感受到身教的重要性，也會留意到學生的受教權。我後來在公費口試場合再度碰到黃老師，那時他還問起我為何沒有完成在國內的碩士學位，後來還主動提要替我寫推薦信申請學校。黃老師目前已經年逾八十，在美國德州與女兒一家同住。我幾年前寄教師卡給他，輾轉到他手上，他還親自回了信。黃老師給我最寶貴的禮物，就是「典型在夙昔」的風範！

許多老師的教學態度就是我學習的典範或是警惕，我會將那些好的典範拿來當作自己學習、模仿的對象，也會警告、提醒自己勿重蹈那些「不適任」教師的後塵。

三、初生之犢

師大當初不是我要念的，只因為在填寫志願之前父親突然告訴我說：「妳只能填師範學校，爸爸供不起妳念大學。」很簡單的一句話，卻像一把利刃直刺心臟。當初希望考司法官的夢想，一瞬間煙飛灰滅！我當時翻遍了師大的所有科系，竟然沒有法律系，怎麼會有這樣的學校？在去念師大之前還有一段插曲，因為我自己在大考之後對答案，忘了將非選擇題的分數算進去，因此對照上一年的志願，可能上中興大學國文系。當時真的慌了，因為我真的不喜歡「狗」文（這是我故意發明的音），加上這也不是「師範學校」，因此阿公給我的指示是：「去考師大夜間部。」可以一邊工作、一邊念書。我額外利用短暫時間念電信特考的書籍，準備參加考試。後來知道已經錄取師大，才作罷。

上了大學，我跟一般學生一樣。因為我是花蓮人，同學對我這個「山後人」有許多的偏見，甚至一位台南同學在升大二前的暑假問我：「可不可以去你們家玩？」我當時回應這位林姓同學說：「當然，我爸爸是酋長，你們來就視為上賓，只是在這之前，先要經過一道手續。」

「什麼手續？」同學還傻不愣登問。

「就是先砍頭，然後接起來，如果活了，就待為上賓！」我很鎮定回答，男同學卻早已花容失色！

沒想到多年之後我還有機會與這位同學相遇，後來提到這一件糗事，他已經忘記。也因為這樣的情誼，後來我到南部任教，與這位林姓同窗有較多的接觸，因此認識了他們一家人。這位同學有美術天分，卻因為前途的考量而進入師範系統，後來他於在職期間完成了美術研究所的課業。很高興知道他在退休之後，考上了街頭藝術家，目前過著閒適又自在的生活！

我在師大四年，雖然不用繳學費且每個月還可以領零用金，但是班上大部分同學的心態跟我一樣：都希望學到最好的學識。我雖然因為經濟的緣故，上大學第四天就開始兼差家教，但是書也沒有少讀、社團也逛過不少（團費太貴）、活動參加很多，也認識了不少人。只是我這個「問題」學生（因為我會發問）在師大的傳統體系中，真是吃虧不少。後來在大學任教時，還有舊識傳來以前的助教、老師說：「我很叛逆。」我明白自己對於教學這項專業知道太少，不知道自己學的東西夠不夠用？幸好大四那一年，有全年實習，除了回校上課外，就是待在實習學校。

我實習的學校是師大附中，當時他們剛成立國中部。我第一次接觸學生，感覺很新鮮、也很熟悉。我發現自己以前的國中階段生活與他們不同，但是卻可以同理。我的督導是一位英文老師、導師督導是一位清大數研所的高材生，在上課之前我都會做充分的準備，也希望可以讓學生覺得有趣、願意學習。英文的專業督導很嚴肅，因為我教學的對象是她的班級，所以能夠體會她對學生及我的殷殷期盼，但是不足以嚇阻我運用創新的教學方式。那位導師曾經告訴我，她花了一年的時間「跟蹤」當時念高中的弟弟，弟弟後來上了好學校。我很感謝她告訴我這些故事，也讓我第一次聯想到一個人的教學風格與其經驗及個性的關係。大四的實習，讓我第一次真正的與學生接觸，並且開始實驗與探索自己的教學及生涯方向。與學生接觸最大的收穫，是可以近距離觀察學生、了解他們的需求。我發現自己沒有所謂的「專家」或「老師」姿態，而是希望可以真正融入學生的生活、了解他們所思所感，也因為這樣的緣故，更可以與學生親近。

大學畢業按照分數分發，我回到花蓮老家附近的「花園」國中教書。這個學校有許多的原住民同學，我對原住民並不陌生，因為自己住家附近就有許多族群混居，而且彼此互通有無，因此很高興有機會跟他們更親近。當時的公費學生需要在大學畢業之後服務第五年（大五），才能夠拿到畢業證書，相當於現今的實習制度，只是我們已經開始正式領薪水。這個花蓮市郊的學校，在當時還是有許多非制度化的現象，像是老師在校外開補習班、或是學生常常成為校長社交活動的代打者、甚至有些老師還要替校長寫碩士論文，光是這些就可以想見學校運作的情況！不過，我還是很感謝當時的校長，因為我這個初生之犢的確犯了許多錯誤，但是他都可以原諒。

學校先讓我帶一個女生導師班，也教一個國三實驗班英文，另外就是上輔導活動課。我不贊成使用體罰，一切以身作則，連打掃都是身先士卒。有一回打掃教師辦公室，還有不認識我的同事對我另眼對待，但是我不以為意。因為自己平時裝扮的緣故，有時混在學生堆裡還分辨不出來。我與學生們搏感情，上課時嚴肅、下課時輕鬆。為了不讓學生中途打瞌睡，我在教學大綱上做一些「笑話」小紙條，每隔一段時間就「自動放送」一個。後來跟學生熟了，信手拈來都可以是幽默與生活對話。這是我第一次發現「關係」的重要性。

我所任教的國三升學班，有一位學生缺席很久，後來終於出現。在那個時代沒有所謂的中輟生，只要學生願意來學校，我都認為是很好的學習機會，不應該苛責他之前的曠課。因此，我邀請這位學生每天中午跟我一起在辦公室吃飯，然後進行課業補救，只希望將他缺漏的課程補完，從不提及他之前的行為。學生很爭氣，在短短幾個月內就跟上進度，後來還考上高職。其他學生認為我對這位學生特殊，我必須要釐清，要不然學生可能就往「吸引老師注意」的錯誤方向前進。

我鼓勵學生的方式有三種：一是每次段考前三名，二是每次段考都有進步，三是每次自己的學習態度或成績都有進展。因為我知道許多學生永遠不可能是前三名，但是每個人有學習的步調與專長，只要是學生的學習態度有進步，通通一律給獎。我使用的是行為主義的「增強原理」，使用名片紙，自己在上面畫圖與蓋章，也寫上適合的勉勵字句。同學可以集滿五張、或是五張的倍數之後來換取獎品，這些集點卡可以重複使用，因此絕大多數學生都可以得到獎勵。我希望學生跟自己比較就好，如此就不會老是覺得自己要成功、受到賞識是不可能的！

有個一年級的原住民小男生，常常下課後在我們辦公室探頭探腦，我一看見他、他就閃人。他的教室就在隔壁，我發現他就是我上「輔導活動」課的學生之一。於是我開始走出去跟他對話，他其實不太敢跟老師說話、只是傻笑。後來我就請他跑腿去合作社買零食，這是我關心他的一種方式。因為我發現他中午吃飯時間都不在自己座位上，懷疑他可能沒有吃中餐，這樣子怎麼可能好好學習？記得以前小時候，只要告訴爸爸有同學沒飯吃，爸爸就會叫我們多帶一個便當去學校。現在經過了這麼多年，還是有學生沒有飯吃，我覺得不可思議。若直接給他錢可能會傷其自尊，於是就用這樣的方法讓他可以吃到一些東西，之後便堂而皇之拿便當或是麵包給他說：「你幫我解決，要不然會壞掉。」這個學校有許多原住民學生，我因為小時候住家附近有許多不同族群聚居處，有較多機會與他們相處、一起玩樂，因此對原住民不會有刻板印象或迷思。我反而對於學生的家長，對孩子沒有「適當」的期待感到寒心。因為他們看不見孩子的潛能，以為孩子會跟他們一樣庸碌一生，所以並沒有積極培養孩子的能力，這與我的家庭傳統有相當大的歧異！

我在實習這一年可是出了不少事，其中一件就是發現學生作弊，就是我教的那個國三實驗班。期中考時他們班施行「榮譽制」，學生可以不要老師監考自行進行考試。但是我從自己的辦公室看過去，卻發現人影幢幢、許多人在走動，所謂的「監考老師」卻在走廊與人聊天。之後批改試卷，學生成績都高於八十五分！我後來發考卷，並且告訴學生要重考，我會依據考題另出類似題目，完全不提學生作弊的事。後來我向教務主任報備，他相當生氣，說重考會耽誤成績發放時間，但是我堅持學生不能這樣教，後來他採取妥協，卻也給我相當嚴正的警告，他說：「妳知道我是妳的實習督導，我可以讓妳不及格！」我當然明白這個道理，但是誠實真的很重要，與成績發放時間相比，真的重要多了！督導最後還是同意，但是限我三日內繳交成績，我一口應允。

成績一出來，前後比較之下，同學就知道為何差異如此大？只是我太生氣了，竟然宣布兩次成績「相差十分打一下、二十分打兩下」以此類推的標準，結果卻發現幾乎是全班都出列。為了顧全顏面，我還一點也不退縮，自己說好要以自己的手掌去打學生手心，我一個人對全班，結果手掌紅腫、發痛，走出教室時只聽見學生在我背後議論道：「怎麼這麼笨？她不會痛嗎？」我不知道學生從這個經驗裡學會了什麼？至少我知道在他們眼裡，我是一個「笨」老師。

在這種不正常制度下的教育下，國三當然有所謂的「加課」措施，就是將主科「隱藏」到其他「不重要」的科目底下。之前我上「輔導活動」，就有不少老師要跟我借課，我都不借，因為我可以把「輔導活動」上得很重要，更何況學生難得有這樣輕鬆、又可以學習的課程。我自己帶三年級班級，就得上「體育英文」，也就是課表上寫「體育」。事實上是上「英文」。國三學生為了升學，被剝奪好多的權益，因此我偶而會上二十分鐘課，然後跟學生一起去操場打球，有一回還在籃球場上摔個四腳朝天。我想當時要做的，就是將教師「去神格化」，我要讓學生知道爭取自己的權益，也要他們為自己挺身而出，而不是認為師長都是「不可侵犯」的神。這或許跟我的求學歷程，以及個性中的「好打抱不平」有關。

教學都在教室裡，有時候真的會令人沮喪，我認為教學重在效率，因此常常在思考如何讓學生專注、提升學習動機的方式，利用獎賞制度是一例。此外，我也將歌曲、時事、生活融入在教學裡，希望學生不是死讀書，而是在學習中有樂趣。我的學生不避諱我的教師「權威」，會問問題；而我也不以自己教師的職位為威權、擺出不容侵犯的模樣。我相信教育裡面有很大一部分，是要讓學生知道「如何『過好』生活」，而不是死讀書的書呆子而已。這樣的理念在當時的教育氛圍裡，是不被看好的。但是我還是認為老師是「經師」，也是「人師」，傳道、授業、解惑也都與生活息息相關。

實習這一年讓我有很好的機會，去真正「認識」現行教育與體系。之後為了「改善」教育，而「立志」去念教育行政所，希望可以回過頭來做體制方面的改進，後來卻發現只是一場大騙局！「體系」這個機器太龐大，不是我「區區」一人可以幡然改變。而在研究所裡面的教師本身就非常官僚，怪不得在實際教育現場也是如此。

四、一手包老師

在那個年代，學校的許多課程都有不同科目的任課老師。我是教育心理系畢業，「輔導活動」是我的本科，「英文」是我的輔修，所以基本上我的課是二十堂輔導活動，加上兩門導師班與國三實驗班英文，同時在輔導室擔任工作。有人說教什麼等級的英文，程度就到哪裡，可是一點也沒錯。教師本身要知道進修，才不會落伍。只是要將自己會的東西也讓學生會，這就是教學的藝術，也是專業所在。

在花蓮近郊的這所學校，原住民同學不少，當然也有客籍、閩南籍與外省籍等其他族群。我自小與這些族群的人都有接觸，因此不會有太多的問題，雖然當時仍有許多因為族群不同（特別是對原住民族群）而有的成見，但是還不至於造成歧視。我任教第一年的學生，比我小八歲左右，感覺像是我的弟弟、妹妹。基本上我與學生同進退，只要是學生做的事我都儘量參與，甚至是做打掃工作也如此。我並非負責指揮而已，而是實際擔任其中一員的工作，因為我認為老師不需要擺架子，沒有所謂身段的問題，這也讓我更能夠貼身去了解青少年的需求。

上不同年級的輔導活動，最讓我覺得無奈的是枯燥的課程設計，儘管慢慢會駕輕就熟，但是我儘量讓課程變得有趣味！當時很流行所謂的「主席排」工作，學生也很樂於參與，自己負責設計整個流程，甚至規劃不同的活動或遊戲。如果一個單元有兩節課，我自己會上第一節，然後就以組別輪流方式讓同學可以自己規劃下一節課，讓他們學會自動自發、為自己做的負責任。在正式上課之前，我會跟這一組有多次會議，商討下一節課進行的方式與過程，這也是讓我慢慢擺脫教師威權面貌的開始。

我帶的一年級新生是女生班，上她們健康教育的也是她們的體育老師，是一位剛脫離大學不久的男生，本身個性就有點羞澀。要第一次月考時，我赫然發現學生沒有上到男女生理的部分。於是就自己備課、親自上陣，說得臉不紅、氣不喘，但是台下同學有的臉紅了、有的還掩面不敢看掛圖，當然也有一些膽子較大的同學會問我一些問題。兩節課上下來，自己都覺得心虛，因為自己也沒有上過這麼完整的生理課程啊！

離譜的事還不只這一樁！舉凡有老師請長一點的假，其他同事就要互相幫忙、吸收課程。記得有一回是代理一位地理老師的課，一進門就發現詭異，因為只有最前面第一排七位同學是醒著的，其他全部趴在桌面上，我好奇問是怎麼一回事？前排其中一名男同學就舉手（他是班代）說：「我們老師說只有七個人可以教，其他同學不搗蛋就可以了！」我要全部同學起來，因為受教育是他們的權利。我掛在黑板上的廣東省地圖，是他們第一次看到，問我那是什麼東西？我就從山川河流的圖像開始說起，心中暗暗難過：怎麼會有人不知道掛圖？多年以後有一次回花蓮，結果在一條熱鬧街道的對面有個成年男子跑過來，口中還直喊「老師」。後來才意會到他在叫我，於是停下腳步，他氣喘未定、急急說：「老師！」原來他就是那個我上了兩節地理課的班代，他告訴我自己的近況，說很高興再看到我。我後來「立志」教「放牛班」，主要是因為看見學校給這些學生太少資源了，主要資源都撥給了「實驗班」，養成實驗班學生的傲慢、不知珍惜，而「放牛班」的孩子卻會珍惜自己僅有的一些資源，而且非常受教，也懂得尊師重道。

我還教過體育、家政、數學、歷史、國文與童軍課，有一位數學系學長說：「除了家政，我全部都代過課。」我不明白為什麼可以不請專科老師來上？也許是給其他同事增加收入的機會，或許是校方認為只是幾節課無傷大雅，也不會對學生造成影響吧！上三年級的課，許多老師都必須配合「掛羊頭賣狗肉」的配課方式，也就是升學班老師上「英文」五節，另外搭配「體育」、「音樂」或「童軍」課。但是事實上卻不是上「體育」或「童軍」，這樣無形中就剝奪了學生許多的權益，也造成一些科目老師不被尊重的情況。在那個升學主義掛帥的年代，連學生家長都認同這樣的作法。

我的想法是：學生就是要會念書、會運動，因此只要課程跟得上進度、或是學生表現吻合他們的期待，我就會「釋出」某節體育課，讓學生去操場上奔馳、流汗！有一次我跟學生分組打籃球，還摔了一個大筋斗、滾了兩圈馬上爬起來，有些較體貼的男同學過來關心，我回謝他們的關心，並繼續球賽。對我來說，老師當然也會跌倒，但是這樣也減少了老師的嚴肅，對我而言是一個很好的學習與突破。我也發現學生會找我說心裡的話，也不必擔心在我面前哭是沒有「男子氣概」的。延續到後來，只要想跟男同學對話，就會找機會跟他們打球。因為我發現只有與他們共同活動，才有「對話」的可能！感謝父親自小養成我要會運動，也會念書的好習慣。

某一天發現，我在國三班上的英文小老師情況不對，摸他的額頭、熱度很高，於是我勸他打電話給家長帶他回家，他堅持不要，又不肯去醫護室，我只好請他到輔導室，用酒精擦拭他的身體試著退燒，後來有人告訴我作法不對，幸好沒有釀成大災難。這個小老師很乖，是個努力型的學生，有時候花很多時間用功，卻不一定有好的成績。我當時接觸到這些學生會很心疼，另一方面也很感謝父母親給我不錯的天賦。因此，我更應該幫助這些比我辛苦的學生。

在沒有教書之前，我認為其他學生其實智力都與我不相上下，也許是因為自己上國中之後都是待在所謂的「好班」，沒有機會去接觸更多不一樣的人。然而一擔任教職之後，我才發現的確人的才智是不同的，更能了解《禮記・中庸》所謂的「人一能之，己百之」（有人一下就學會，我卻要花費百倍的力氣才學會）的道理。如果我可以協助這些學生發揮自己的優勢與長處，他們都可以成為對社會、國家有貢獻的人，這就是教育的功能。

我對某些老師將學生當成「跑腿」在使喚，甚至做一些私人事務很不滿意。因此，當我知道學生上課權益被剝奪時，我就不會准假，這也讓一些資深老師對我這個毛頭小子很「感冒」。這裡的學生大都來自貧苦家庭，僅有少數人有能力去參加校外補習，偏偏有些老師在校外開設補習班。當時雖然沒有明文制止，但還是有教師這麼做。開設補習班是私人的事，我管不著，但是當我知道有些老師在課堂上留一手，特別「嘉惠」去他補習班上課的學生，我就忍不下這口氣！於是我就聯合其他科目的年輕老師，一起在放學之後彼此交換去該班上課，以補學生資源的不足。對我們來說這才是教育者應該做的事，我們幾個同事有志一同，情感也因此更深厚！

其實我也是一位窮老師，一個月三萬元的薪水要養家，並且全數交給父親作家用，父親也沒給我零用錢，所以基本上我是用稿費來貼補生活。有一回請國三班級學生到家裡玩，當時來了二十多位同學，我招呼了飲料與一些點心。後來發現已經接近中午，但人卻還沒有散去，於是我有點心虛地道：「你們中午吃麵可以嗎？」有一些同學說可以，但是也有不同的聲音說：「老師，不用麻煩了，我們該回去了！」好感謝這些同學，因為是月底，我將剩下的錢拿去買了點心等，已經所剩無多，也許要向父親借呢！這件事讓我知道不必打腫臉充胖子，因為後果可能更糟，誠實對待就好了！當然與學生親近很好，只是也要拿捏分寸，我後來就很注重自己的私人生活與界限。儘管如此，我仍舊喜歡與學生打成一片、協助弱勢族群，以及與大家分享的心意還是沒有改變。我不是一個「施惠者」，而是在做這些動作過程中，覺得很幸福，也認為是應該做的。

在這個階段最得意的是，訓練一些學生上台或是參加比賽。我發揮了在大學時代編劇、寫講稿的精神，讓參加英文朗誦的同學可以經由訓練，很有自信地站上講台。我教他們如何斷句、怎樣按照邏輯記憶、音調部分如何拿捏，結果只要參加者都得獎！我在訓練過程中讓學生體會練習與成就，也就是天下沒有白吃的午餐，凡努力過必留下痕跡！當我在學生臉上看見自信與光亮時，就是我最大的酬賞！

這段時間與學生的接觸，讓我充分明白自己「配備不足」，因此興起了念研究所的念頭，同時也邊做邊學、汲取了許多資深教師前輩的寶貴經驗。我也在與學生第一類的接觸中，得到了許多酬賞，更喜歡教學帶給自己的成就感與愉悅。然而我也目睹學校同僚的許多作為，根本就是剝削學生權益，但是學生卻不知道自己權利為何？因此才興起了去念研究所的念頭。只是當時教育行政所正夯，我也沒有考慮其他科系，後來進出教研所兩次，還是沒有得到我想要的。

五、狗屁倒灶？

學校在這段期間要我帶一個資優生團體，成員大概有十人，他們會上不同的補充課程，也參與一些相關活動。我帶的是類似加強英文與團體的活動，因此會與這批學生常常接觸，但是基本上我不認為成績好就是資優。然而校方卻將「資優」與「好成績」畫上等號，其中有一些是該年級的模範生，但是模範生也是投票選出來的，與資優沒有太大關係。

我記得當時還發生過一次「圖釘事件」，也就是在一樓某技職班（就是後段班）門前發現有好幾十支圖釘，讓一些走過的同學受傷。學校要徹查這件事的元凶。訓導主任當時就「認定」是該班學生所為，因為他們是「放牛班」，但是我認為這樣的處理太草率，而且分析道：「作賊的會將證據放在自家門口嗎？」但是訓導主任不買帳，堅持就是那班學生所為，採用了連坐法、處罰了全班，因為他抓不到真兇！後來我將自己的判斷與那些資優生分享，沒多久一位應屆模範生向我坦承是他做的，他說自己只是想看看會發生什麼事？我沒有舉發他，因為他後來也從事教職。許多的學校事務與學生事件的處理，在這個學校真的是天方夜譚、無理至極，只是都沒有人質疑或反彈，真是令人扼腕！我看過導師拿著物品追打學生；老師叫學生去家裡拿東西，算是出公差；還有其他一些莫名其妙的事，讓我進一步去思索：我們的國民教育怎麼會辦成這樣？

學校能力分班，許多擠不上最好班級的就會被放棄。就如同我高中時，從高二的普通班「升到」好班，當時的一位歷史老師還帶著譏諷的口吻，告誡我們這些普通班上來的學生說：「妳們的素質很差，一不小心就會淪落回去。」我就是不信這個邪！此事件可以一窺老師對學生的差別待遇，當然並非所有的老師皆如此。二妹在省女也是自普通班「升到」實驗班，但是她待了一週之後，決定自己轉回原班級，父親聽了她的理由。她說她自己在那個班級，每個人都在比較功課，沒有辦法跟好朋友一起念書——她不快樂。父親認為她既然在新的班級不快樂，當然就要尊重她的意見，我覺得二妹很勇敢！

她後來也考上自己想念的科系，而且實力相當。

在擔任所謂的「實驗班」課程之後，我發誓要教普通班，不是因為自己有宗教家之仁，而是受不了所謂好班學生的「惡劣習性」。他們資源多、卻不懂珍惜，對老師的態度不是尊師重道，而是「尚有利用價值」。因此一出了校門，本性就露出來！學生畢業之後會在路上看見我、打招呼的，真的就是那些普通班或放牛班的學生。因為他們原本資源就少，因此多給他們一些，他們就分外珍惜！

多年後我在台北，第一年在花蓮擔任實驗班的一位很老實的同學來拜訪我，他是來這裡應徵工作的。當天他借住在我家一晚，那時弟弟剛剛在家裡裝了第四台，而我對於第四台也不清楚是怎麼一回事。當天晚上我們三人坐在客廳看第四台，我以為看的是懸疑偵探片。故事是一位男士要報復某人，所以綁架一位女性，並加以性侵，但是情節繼續，卻沒有警方人員出現。學生先去睡了，影片不久也結束了，我才恍然：這是一部A片吧？我壓根兒沒看過A片，卻好死不死與以前的學生一起「觀賞」A片，真是為人師表啊！也許可以說不知者無罪，但是這可是我覺得非常糗的一件事啊！

多年後重新看這件事，我的羞愧感沒有那麼強烈了，雖然我的無知也是錯誤，但是至少我不是道貌岸然的「假學究」，而是也會犯錯的「人」師。去年這位學生透過網路找到我，跟我通電話，他現在也是接近中年，由於晚婚、加上膝下無子，因此近幾年努力「做人」。只是對於夫妻二人來說都是很大的壓力，我告訴他有無子嗣都不要強求，現代人應該打破「有自己血統孩子」的觀念。況且有許多孩子是遭受父母親凌虐或是拋棄的，如果他們有機會再次遇到比較好的父母親，不也是功德一件、人間美事。掛掉電話之後，家人告訴我說：「真是好為人師啊！人家一個問候電話來，還在說教！」我不禁莞爾一笑。

六、愛莫能助

不少學生是原住民，因為父母方面本身資源就不夠，因此對孩子的未來不敢寄予厚望，有時候甚至也因此阻礙了孩子的未來，因為家長的期許會影響學生對自己的看法。我記得導師班上的一位原住民女同學，身材高挑、運動神經很好，並且學業傑出，不過卻發現她在家裡沒有書桌，常常要趕在放學之前將功課做完，我很納悶！於是就決定去做家庭訪問。當時學校規定導師最好做家庭訪視，我也拜訪了全班的家長，好好地認識了花蓮。該生父親是鐵路局員工、母親在市場賣菜（我父親也認識，她還因此常常要送菜給我父親，但是被婉拒），我去她家發現只有一房一廳，廚房則在廁所邊的角落，而房子是木頭隔間，根本無隔音效果，家裡也沒有書桌（就是與飯桌齊用）。我發現她父母親回家的唯一娛樂就是看電視，特別請求家長晚半小時看電視，讓孩子可以專心將功課做完，但是母親卻道：「老師，我們工作一天都很累，回到家只想輕鬆一下，孩子會不會念書是她的命，妳是不是管太多了？」後來我決定留校督導她們寫功課或念書，這樣就不會影響課業了。

我們班上有一些學生就連家長對她們也沒有寄望，因此即便我發現學生很有學習的潛能，家長們卻不一定會支持，有時候還會冷嘲熱諷，讓我覺得很無力！有一位也是原住民女同學，行為舉止大剌剌、很有男子氣概，與人相處若一不合就要動手，後來她反省自己的這些行為，變成很有人緣的人。有一次在全校健行途中，她快步趕到我身邊，並且對我說：「老師，妳是一個好老師。」然後拔腿就跑走！那一句話撼動了我，我從來不認為自己堪稱為「好老師」，甚至因為我的經驗不足，常常讓自己學生吃虧。但是一個不善言詞的學生竟然可以這麼說，我很感動，也希望有朝一日自己可以成為一個不會傷害人的老師。

我上國三班的課，有一次發現一位原住民同學常常瞇著眼睛看黑板、上課也無法專心太久，我懷疑他的視力有問題，於是趁某個中午用機車載他去檢查視力，果然有三百多度的近視，馬上為他配眼鏡，接下來他上課就專心多了！父親事後知道我帶學生去他老朋友的眼鏡行配眼鏡，卻沒有告知他或眼鏡行老闆，有點不高興說：「老闆知道，一定算妳更便宜！」當時一付眼鏡的價格大概是我薪水的七分之一，將近四千元左右。學生家長沒有問我為什麼帶學生配眼鏡？學生也沒有說，我也不在意，因為自己只是做了該做的事，不是為了嘩衆取寵。

國三班上一位學生下學期逃學，開學過了一個多月才回來，看見他我第一句話是：「你提早去畢業旅行啊？」課後就請他來談話，希望儘早將他漏掉的課程補回來。我們選了每天中午時間，他吃過飯後就來我辦公室上課。這位學生很爭氣，從來沒有不來的藉口，後來模擬考成績從一百多分進步到三百多分，考上職校。這不是我的功勞，而是他願意付出代價與努力的成果。他願意學，才是我最欣慰的。從事教職之後，我才發現自己是多麼幸運，父母親給我中上的資質，讓我在學習過程中不需要做太多苦工，接觸上智到平庸、不同天賦的學生，我就比較能體會不同的辛苦。對於那些原住民同學，我期勉他們更努力，為自己的族群世代而努力，這樣的心情一直延續到現在。

在當時的那種教育氛圍中，我發現自己十分無力，但是也不輕易放棄，因為我一旦放棄，學生更沒有希望！因此，我常常在上課時勗勉學生，拿不同的故事來佐證。後來發現最好的佐證應該是自己的故事，這樣比較貼近、也較具說服力。很高興自己當初並未因為沒有成果或希望而放棄，然而我教書第二年就辭職去念書，基本上在道義上就是一種拋棄，我的導生班也面臨拆班的事實，這事我責無旁貸！我一直堅信教育是希望工程，只要我不放棄，學生就會有希望，也許我可以改變的不多，但是希望自己在過程中有過努力，而不是沒試過就先放棄。

第一次教學，我就回到家鄉任教，也開始察覺到一些較為弱勢的學生，較多是因為社經地位的因素使然。因此，後來我在大學任教會特別注意到原住民同學，對他們會有不同的期許。我小時候的居住環境有許多與不同族群接觸的機會，而且自小的庭訓教我要尊重他人。我們小時候玩耍在一起、也共患難，這些第一類接觸讓我們彼此有機會去破除不必要的偏見。這些經驗對我往後的出國進修、教學、擔任諮商助人工作，都相當有幫助。感謝這些認識的人與陌生人，讓我對不同的族群與文化有多多少少的接觸與認識，也發現人與人之間其實有更多的相同與可以互相學習之處。對我來說，每個人都是一個文化，因為種族、背景、經驗與價值觀等都不一樣，這個世界才會更多彩、更美麗！

七、如此教育

我在國中任教第一年就碰到一位很不講理的訓導主任，也許是因為這些行政人員把行政職位當官來做，所以才惹來許多非議。有一次全校勞動服務時間，訓導主任宣布說：「每一個人要拔一公斤的草，我會秤。」他拿了合作社的一個秤子在手邊。學生到底拔了多少草？合不合格？根本後來就沒有追蹤，惹來稍有見識的學生譏諷說：「什麼嘛？開什麼玩笑？」以前我念書的時代就常常聽到畢業學生回校整訓導主任的事。在我國中時期的訓導主任就曾經被學生倒吊在操場的大榕樹下，隔天早上才被發現！一個處理學生事務的人，必須要言而有信、身體力行，不亂發言或是允諾做不到的事，才能贏得學生的信任。

我的國一導師班學生在暑假期間因為「打掃不力」（訓導主任的說法），所以就要記全班每人大過一支。當時我不知道導師可以不簽字，是事後才知道（我也深受「父權制度」的荼毒）。後來在我離開該校之前，與訓導主任協商，要他確定會銷過（要不然會影響學生考師專的資格）。我發現學校有太多的官僚，也因此興起了去念教育行政所的念頭。可是真正進入研究所，卻發現研究所的官僚與階級更有過之而無不及，也是讓我轉行的主要原因。這些經驗讓我後來比較清楚學校行政與權力之間的關係，在更了解這些掌握權力人的心態之後，我可以找尋門路，為弱勢族群爭取更多機會與福祉。

當時輔導室其實真正的工作是替訓導處「處理善後」，只要學生要被踢出學校了，就會被轉介來輔導室。其實說穿了，就是「橡皮圖章」、背書的工作而已，根本發揮不了作用！有一回有人說借我們的輔導室處理一位抽菸的學生，我開門就被一陣濃煙嗆到，裡面更是一片煙霧瀰漫！男同學口中塞滿了十根菸，眼睛泛紅，老師卻在一邊罵：「現在你爽了吧！」我請那位老師離開現場，他還振振有詞說：「這是洪水法！我給他一個很好的教訓。」但是諮商或輔導的前提是不應該傷害學生啊！

我們當時的輔導主任也是科班出身，但是嗜賭成性，常常不在辦公室。有一回他又要外出，交代我若是校長巡堂找他，就編一個謊言。校長果然來了、找不到他，翌日就吃了校長的釘子，他回到辦公室對我說：「我不是交代妳了嗎？」「交代（膠帶）？還繃帶哩！」我簡直是嗤之以鼻。後來有一次校務會議，許多導師群起攻擊輔導主任說他根本不辦事，輔導室的功能何在？他被轟得啞口，我卻起立為輔導辯護，甚至指出訓導處的作法失當，不應該讓我們擦屁股。後來輔導主任還特別感謝我為他說話，我說：「我不是為你，我是為輔導。」這個事件讓我非常清楚「輔導」的無能與重要性，只是當時的教育氛圍是升學領軍，輔導人員的無力感與不受尊重是想當然耳。

學生在教育體系裡是弱勢，偏偏我們這些有能力的老師卻不敢為他們出頭，我對教育感到失望與無力，也決定改行。學校將很好的資源給升學班，極少資源會落在放牛班或是更需要的學生身上。而我也發現只要將一些資源分給少數族群，其實是很容易的事，一點也不費功，但是學生卻很懂得感激，也會善用。

我曾經處理過班上一次偷竊事件，一位同學遺失了錢，並且向我報告。我首先釐清錢的擺放位置與今天上課的流程，確定錢真的被偷了，而且我相信是班上同學所為。於是我就利用一堂班會課，將事情始末說明清楚，希望不小心拿了同學錢的那位學生，可以完璧歸趙。我說：「偷東西雖然有些人認為只是小事，但是卻損害了一個人的人格。我們人都會犯錯，但是也會改正，最難得的就是改過向善。為了一個小東西，毀掉自己更重要的人格與榮譽，真的划不來！」我希望那位同學可以默默將錢放回，或是交給我、放在我辦公室都可以。那位同學沒有歸還，但是我們班上再也沒有傳出偷竊的行為。也許是自認為處理沒有效果，所以就乾脆不報告了。送給畢業班同學我只有一句話：「不要讓我在社會版上看到你，捐錢作善事例外。」雖然對自己身為教育者感到失望，但是我相信自己的「配備」需要加強。畢竟教育是「希望工程」，教師的工作就是讓學生有希望、看見光亮、願意持續作努力。

我在教學過程中發現自己很希望可以炒熱上課氣氛，而當我更認識同學之後，就可以就地取材，不需要事前的準備。對於每一位學生，我都希望可以進一步去了解他們、建立關係，也學會去知道與運用他們次文化的元素，希望可以打破師生之間傳統的位階關係。此外，我發現了自己說故事的能力，因為寫作之故，讓我對生活事物的觀察比較敏銳。因此我常常不希望淪於說教，而是以故事方式來啓發。這樣的習慣延續到我後來的教學生涯，即便是講授極艱深的理論，我還是可以從日常生活中去做引申與舉例。我告訴學生說：「理論就是日常生活觀察的淬鍊、結晶而成，好的理論也應該可以回頭對應到日常生活上。」

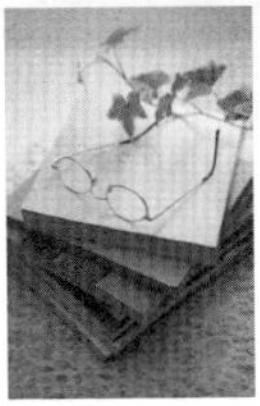

TEACHER

第二篇

何處是歸處？

一、自研究所輟學

教學不到半年，就發現自己所學不足，後來參加研究所考試且順利錄取。第一次考進去，卻發現教育研究所充斥著官僚與權威，根本與我當初想像的教育改革或進步無關；第二次更是身歷其境，老師的張狂與濫用權力，讓我對研究所更形失望，於是不休（學）自退，成為台北的流浪教師兩個月。

我在研究所很用功念書，但是當時的研究所教師非常威權，不容許學生有不同的意見。當時的研究生雖然也有公費資助，還是需要靠成績來爭取。我最不滿意的是，老師使喚我們做一些額外的工作（如無給職翻譯教科書、上課其實是在為老師的新書做校稿），也有老師每每假借理由不上課，補課時又要我們到日式餐廳去（當然由學生負擔餐費，我當時每個月六千元的獎學金根本入不敷出！）我因為是辭職去念書，所以若要繼續從事教職的途徑之一，就是參加考試。後來發現自己竟然考不上公立學校教師，因為那些題目我都沒有把握！

在這期間我也嘗試過其他的行業，包括：回到自己比較擅長的新聞與寫作。我延續大學時替雜誌寫書評的習慣，也投稿到電視台寫一些短劇，應邀成為一家雜誌的文字記者，老闆要我做人物專訪，我也接觸到一些名流或是知名人士，增廣了自己的見識。然而在一次訪問一位藝人談及其離婚內幕之後，我就毅然決然地離開記者崗位，因為我花了近五個小時的時間與他在某知名飯店用下午茶、回去寫了五千多字的稿子，卻覺得自己在浪費時間！於是我考慮回到自己熟悉的老本行——教學。

我先是到樹林一家私立職校教英文，薪水不多，還要每天清晨五點就自淡水搭車，晚上七點多才到家。我還是運用以往的教學態度，以及鼓勵學生的方式進行。結果二個多月後正逢春節，校方給我五百元作獎金，但是隔幾天是董事長生日，老師們協議每人交五百元作賀禮，我是在決定之後才被知會的，那種感受很複雜，認為這裡不宜久留。在此服務一學期之後，到林口的另一間私立學校去，擔任高中部英文教學。因為該校是家族事業，上從董事長到主任級都是自家人在掌權，教務主任是學家政的，管老師就像管小孩。有一回還當著全校朝會的時段，直接點名說：「○年○班導師○○○，你們班整潔最後一名，妳要好好督促他們。」讓該位教師無顏面，也無威嚴再領導該班學生。學校的立場是不尊重人的，行政人員「管理」教師的態度就像是對下屬，這樣如何讓老師們願意貢獻自己的專業？

二、孰輕孰重？

有一回我的隱形眼鏡出問題，自己毫不自覺，只覺得眼前霧氣好重。上第一堂課我還說：「怎麼今天霧特別大，都進到教室來了！」課上到一半，眼睛劇痛，才發現不妙，於是緊急打電話叫計程車，也知會教務主任說我要請假看醫師。在趕去坐車時，主任隨後追過來道：「邱老師，妳下午的課怎麼辦？」我根本無暇回應，到醫院時醫生作緊急處理，說是眼睛發炎，再遲就可能看不見了。我想到當時主任追出來說的話，心中一陣感慨：「天啊！到底是哪一件事比較重要？」後來學校要以某個職位留我，我毅然決然決定離開。我知道自己在教學上的堅持被同仁看見，也希望善用我這方面的能力。只是我也同時在尋求適當、可以讓我發展的學校文化，而不是以官僚或是行政處理的方式被對待、或是看見學生被不公平對待。這個事件是讓我離開很重要的導火線，之前還在這個學校遭到一位同事的構陷。

這所私立學校的教學組長後來要我留任，他至少在教學理念上是與我不謀而合的。可惜在當時私校的制度下，許多的正常教學都無法施展、遑論理想的教育。而且校方是以賺錢為目標，家長也願意出錢讓孩子進入這樣的學校、只求考上好的高中，與我之前的教師培育訓練是迥然不同的。

三、暗箭所傷

這位教國文的同事也是客家人，很會經營與董事長及其他老師的關係，平常我們還聊得來，但是根本沒有想到她會來這一個「暗箭」！

當時許多私立學校教師都以考上公立學校為優先，暑假前均紛紛參加公立教師的甄試，但是基本上不敢聲張，一切等考上了再跟學校要離職證明。若是萬一考不上，在學校的處境就很尷尬！這位女同事也去考北市國中教師甄試，而且考上了。偏偏我決定要離開的同時，有五位同事也要離開。後來教務主任就問我，是不是我「慫恿」的？我真是何德何能？當然不是！我也覺得很奇怪，為何會有這樣的傳聞？主任就說她有消息管道說這一次集體離職是我主導的，我就請那位消息人士與我對質，主任就沒有回應。

後來學校就針對這一件事，故意放出消息：教師若是參加期末七月三十日的校務會議，就可以領八月的半月薪，而那一天也正是要離職老師繳交期末成績的最後一天，因此我們這些要離職的五位老師都在忙成績，沒有去參加會議。反而是這位已經知道自己考上國中教師的女同事，還故意在辦公室閒晃說：「要不要我幫忙改考卷啊？」後來她就去開會了，當然也支領到下個月的半薪。前一天晚上，這位女同事在半夜打電話到我家，她說她是在公用電話亭打的，因為她擔心婆婆萬一知道她惹了這種事，一定不會放過她！結果她哭哭啼啼告訴我，放消息說我慫恿其他老師離開的就是她，她說這件事不能讓她婆婆知道，因為公公是國大代表。她覺得很對不起我，希望我可以原諒她，最後還問我：「我們還是好朋友嗎？」我反問：「可能嗎？」然後勸她趕快回去，不要在外面待太久。七月三十日那一天我離開學校時，還特地回頭道：「看到我背後的箭傷了嗎？」其他五位要離開的同事都知道我的意思，他們鼓掌送我離開。

四、辜負學生

在林口這個學校上英文課，輔導的本行可以運用在課堂上，只是還不夠純熟。學生考試成了習慣，不知道學習有許多管道，因此我花了許多時間讓學生可以學習不同的讀書策略，也希望拓展他們的視野。因此，我把歌唱、戲劇等融入英文教學中。在此校也發生一個事件，讓我有機會重新去審視與學生之間的關係。

有學生家庭貧困，卻想要參加補習，他找我商量借補習費，我竟然也應允。後來是我要離開學校了，才藉這個理由將錢要回，要不然可能就沒有下落！因為如果開口要錢，對於身為老師的我來說真是有點小氣，可是一萬元對我來說可不是個小數目！之前在第一所國中任教，學生畢業若干年後要從事理容院生意，向我周轉三萬元，那是我一個月的薪水，之後並沒有拿回那筆錢，學生竟然說他已經還我！

有了這一個前車之鑑，我知道自己理財能力不行，但是也比較謹慎了。對我來說，老師本來就應該協助弱勢族群，只是有些角色與分寸的拿捏，我是慢慢才學會。在這段時間，我不認為自己「會」教學或喜歡教學，可能是因為學校競爭氛圍之故，讓我覺得無法施展，加上許多同僚都非師範體系出身，有時候與他們溝通，還是有搔不到癢處的感覺。我的教學需要互動、平權與尊重，如果學校同僚（尤其是行政人員）是以「威權」的方式來管理與教學，就不是我期待可以合作的對象，當然我也不可能會待得長久。

五、有這麼一樁糗事

我是一個很粗線條的人，通常不太會深思自己的一些動作，只是認為如何就如何。但是在林口山上，每天必須轉幾趟公車才到學校，雖然有校車，但是往往超載、也很擁擠，所以我選擇搭公車。有一回與一名同事搭公車回家，我要掏錢買票時，公車正經過九彎十八拐路段，我一時沒站穩，就順勢倒在一位老伯伯腿上，當時我急忙道歉道：

「對不起，我很重，你有沒有怎樣？」老人家笑得合不攏嘴，全車上的人也是，當然包括我那位同事！第二天我就成為全校同事的笑柄，我覺得無趣，但是並不覺得糗，因為當下比較擔心老伯伯因此受傷，而不是我惹了一個大笑話！

這件事讓我很清楚，自己不會受一些外在看法所影響。而事件的發生，每個人可以從不同的角度來看，也因為焦點不同，所引發的情緒與感受就不一樣。我想我的同事認為可以與我相處，就是因為我的粗線條。後來我也發現自己有一些想法的確不主流，沒想到這卻成為教學的特色。因為我不認為教學只能以呆板的方式進行，而是要能引起學生的學習動機，讓他們主動去學習，這才是教學的精髓。

六、轉戰另一私校

儘管是這麼瀟灑離開，但是現實生活還是要顧。之後來到一位大學時期導師所介紹的一所私立高職任教，順便去挽救他們評比極差的輔導工作。

那時的校長是自公立學校退休的校長，本身還有一些教育理念，很願意放手讓我做事，而我因此有機會將自己的一些輔導理念落實。當然我有許多很棒的同事協助是主因，我不僅是和尚兼撞鐘，許多宣傳海報或是演講安排與摘要，都自己一手包辦，還接觸了第一樁繼父性侵繼女的案件。性侵事件經過披露之後，我連忙聯絡當地社工，後來還打電話給晚晴協會尋求諮詢。這個性侵案後來有不錯的解決，多虧一位退休教師願意收留這位女同學直到她滿十八歲（當時還沒有《性侵害防治法》）。

另外一件讓我覺得不平的是，我接獲當年考績「乙等」的不合理結果（當時私校考績是「分配制」，擔任行政主管職的是甲等考績，其他剩下的甲等考績就不是一般教師可以拿到），與校長爭辯無效之後，在失望灰心之餘，決定取消延後公費出國的計畫，直接到美國去進修。我要的不是考績獎金，當時也很明白地告訴校長，還說獎金可以給需要的人，我只是不容許自己的教學成績上有這麼不名譽的事發生！但是校長愛莫能助，當時還碰到情感上的問題，我因此決定遠走異鄉，繼續我的求學之路。

在這個學校最難忘的經驗是好同事的支持，輔導室雖然只有我一個專業背景的人，但是其他兩位老師會給我溫暖與愛護，大家相處非常愉快。尤其是一位教授音樂的陳老師對我這位晚輩呵護有佳，肯定我的工作與能力，這點讓我倍覺增能、有力。

TEACHER

第三篇

重新出發

一、私校經驗

我在師大念了四年的教育心理系（當時還沒有加上「輔導」二字），後來卻成了輔導的逃兵。我甚至想過轉行，也試著朝新聞界發展，但是真正接觸採訪工作，也發現許多的無聊與黑暗。後來情感創傷，差點過不了這個關卡，幸好雙親給我很堅強的意志力，讓我不至於鑽進死胡同而自絕。最後踏上出國的路，我的人生展開了新頁。

在國外念的是諮商，第一年就開始在當地的國小與國中擔任實習諮商師，看到了許多第一次接觸的案例，這些對我往後的助人專業有相當大的影響。我的教學型態也慢慢在這個時期開始確立，我發現自己是一個在課程上認真負責，在教學過程裡喜愛創意、卻不喜歡擺架子與威權的老師。我喜歡進入學生的生活，去了解他／她這個人，而不是他／她的表現而已。回國之後才發現公費留學也找不到工作，參加制式的教師甄試也比不過別人，所以選在新北市一所國高中合設的私立學校教英文。這所私校的校長與教務主任都是師大出身，我以為他們是看上了我同是「師大人」的教學理念，但是我太天真了！

在這所私立學校，處罰很嚴重、補習也很嚴重，我第一次真正體罰學生就發生在這所學校。校方與參考書公司合作愉快，讓學生買了許多的講義，但是卻不一定用上，可憐的家長卻很相信學校的升學率！我在這個學校只待了一學期，因為我不想體罰學生，也不想成為共犯結構中的一員。我認為引發學習動機最重要，但是卻發現學生將精力投注在打得更嚴重老師的科目上，我上的英文成績慘不忍睹！而學生成績一退步，教務主任就會找碴。

我發現學校要學生訂很多講義或測驗卷，但是都沒有使用，覺得很可惜（平常學生就有寫不完的考卷了）！於是就將講義變成課後複習之用，在前一天上完一課之後，發給同學回家做練習，翌日再公布答案。倘若學生認為答案有問題或有任何疑問，就在上課時提出，再一同討論，這是我認為較為周全的教學方式。

沒想到才進行幾次，教務主任有一回就在我上課期間在教室外把我叫出去，然後不假辭色大罵我不遵守學校規定。他說講義不能在正課上使用，也不能在晚自習時使用，我說我沒有使用，只是在詢問學生了不了解？然後做必要的解釋與加強。一聽我答辯，他更生氣，要我注意，要不然會讓我吃不完兜著走！再回到教室，許多學生都說：「老師，主任好像要把妳吃掉，好恐怖！」我沒有告訴學生剛才發生了什麼事，只要大家把講義收起來。其他科目的老師體罰，我卻在這邊收拾善後。

後來我也必須在獎勵之外施予處罰，但我認為這大大違反了我的做人與教學原則。同事們卻不能夠與我做這樣的互動，他們說在私立學校就是要聽老闆的，要不然就回去吃自己！我決定按照契約書規定，提前告知校方說我要離職的消息，預計在學生期末考之後離開，比較不會耽擱他們的學習進度。但是才提出口頭的說明過幾天，校長就叫我走人，我也很納悶，後來人事主任偷偷告訴我：「他（校長）姪女在英國留學回來，正好可以接妳的位子。」我想也許是時候到了，應該繼續往前，於是重披戰袍，回去美國繼續進修。

我在這個學校也第一次遭遇到學生質問我的教學能力，因為班上學生幾乎都參加了校外補習，因此學校本身的進度就比不上補習班。偏偏補習班老師又喜歡出一些例外的題目，因此有些學生就會將這些例外的題庫拿到課堂上問，我知道他們不是故意給我難堪。於是有一回我坦然承認我不會，需要回去查，該生就帶著嘲諷的口吻說：「老師，妳就是不會嘛！」承認自己不會，當時很難堪，但是對於我日後的教學生涯很有幫助，至少我願意承認自己不行，我才會去找答案、才有進步的空間。加上我向來就是喜歡問問題的學生，因此不擔心自己的「師道尊嚴」就此一洩千里！我認為教學只是「先學覺後學」，老師當然也有需要改進之處，因此不會將此視為自己教學的阻礙，反而更激勵自己進修、往前。

有人說教哪一等級的學生，英文程度就停留在哪裡。我最擔心自己不長進，學生的挑戰讓我看見自己的不足，也重新去反省自己所修英文輔系的二十個學分的確不足為傲！

我記得在念高一時，有一回師大國文系畢業生到我們班上參觀，前一天老師就囑咐我們上課方式做一些更改，甚至一反往常、鼓勵我們發問，好死不死正好上到劉禹錫的「與元微之書」，裡面提到「廬山庵裡曉燈前」。我就當著這些準老師的面提問：「老師，劉禹錫是男的，怎麼住到尼姑庵裡去？」當下在教室後參觀教學的準老師一陣嘩然、哈哈大笑，讓我的國文老師很尷尬，原來「庵」是草房之意，也因此後來其中有位準老師到新竹女中去任教，還為了我的白目行為寫給我一封信，也做了解釋。因此當我被學生嘲笑說不會的時候，並不覺得特別難受，至少我認為發問的學生是會思考的，他們也會想辦法打發無聊。鼓勵發言、與學生互動就成為我教學的特色，這樣不僅可以更了解學生學習的情況，也與學生建立了不錯的關係。

當時也碰到學生遭喪親之痛，不知道要如何安慰他，只有勉勵他要好好努力，不要辜負父親的期待，這讓我思索自己學諮商的，怎麼連處理失落經驗的能力都沒有？更興起了我繼續進修，將所學的諮商學得更徹底。

這所私立學校經驗，讓我重新去檢視台灣的教育，不只是文憑至上，而是考試至上、成績最重要，忘卻了教育最根本的目標！孩子很無辜，成了形式主義的受害者。只知道競爭，卻不明白教育最重要的是學習、增厚自己的實力與開發潛能。當時家長卻很贊同學校嚴厲的作法，讓體罰變成「正當」，甚至配合學校作法讓學生留校課輔到晚上近九點。我當然理解家長要孩子更好的心，若是學生在學習階段不是享受學習的快樂，而是有諸多痛苦與害怕，以後對於學習將是抱持怎樣的心態？升學導向的教育，讓孩子對學習失去動力、對自己失去信心，相對地也讓家長變成了「幫兇」！

從這所私立學校離職之後，我再度出國進修三年。回來服務的第一個學校是「第一」中學，在這裡竟然碰到當初在那所私校教過的學生，我們沒有敘舊，只是我見到他會很感慨，幸好他在「第一」中學的自由氛圍裡發展得很好。

二、回國歸隊

碩士念完，理應直接念博士班，但是我心繫家裡，尤其擔心家中的經濟。因為父親在我大四那一年的三月退休之後，家中陸續有人負笈外地念大學，父親一個人的薪水根本不夠支付。幸好弟妹們都很爭氣，即便是念私立學校也是自己兼家教賺錢付學費與生活費。而且我發現即使沒有我，大家也都過得很好。後來在教育崗位上遭逢許多挫折，我進一步去思考：是不是自己配備不完善？準備不夠充分？於是向父親大人請假三年，將沒有完成的學習做完，才會有第二次出國的經驗。這一回是要好好念書，因此不像上一回匆匆念完走人，而是找了一位看過其研究與著作、願意私淑的老師，並且讓我可以盡情享受求知樂趣的學校。

因為是第二次到美國，雖然學校不同，但是目標更明確，加上也熟悉美式教育情況，所以一切如魚得水。我自第一學期就開始校內實習（practicum），是在國際學生中心，因為可以連續拿實習分數、沒有限制，對於學習諮商需要臨床經驗的我來說真是愉快。第二學期之後就到學校裡的諮商中心服務，不僅接觸國際學生，也與美國本國學生有接觸。這些當事人是我最棒的老師，他們願意讓我這個「黑髮黃膚」的治療新手「實驗」，也從犯錯中學習。博士口考之前我就開始在美國國內投寄履歷，希望可以先取得臨床諮商執照，然後再看博士後研究的可能性，目標是社區諮商中心。後來在一個青少年諮商中心與一位精神醫師的診所之間要做選擇，然而父親脊椎開刀，加上二妹為了還母親的賭債，雙頰長了不明物體（已經看過多位名醫，有醫師甚至將其當作癌症在做治療，令二妹苦不堪言），需要近期開刀，讓我打消了留在美國這個念頭，於是在參加畢業典禮之後打道回府。

三、我在第一中學

回國第一個落腳點是北市名校「第一中學」，因為有位大學同學在那裡工作，希望我回國後先去那裡幫忙。有了先前與青少年族群的接觸及相處經驗，第一中學學生給我另一種風貌與感受。基本上我還在努力讓諮商「普羅化」，希望有更多人可以知道諮商並運用諮商服務，因此我打的招牌就是「諮商走出去」。因為諮商有「主動」提供協助的意涵，因此我的習慣作法就是看見同學會主動迎上前去。有些同事認為我這樣的作法太「卑屈」，但是我不認為，畢竟學生願意跨進輔導室，不知道已經鼓足了多大的勇氣，我應該要認可他們的努力不是嗎？

許多人對於諮商或是輔導都有一種錯誤的認定：「有問題的人才會去諮商（或輔導）」，第一中學人也不例外！我有自己要負責的十七個班級，因此先去認識導師們很重要，也同時將自己介紹出去，我先自製名牌，把自己的輔導老師與名字寫得很大，只要有空就去拜訪不同老師，讓他們知道我是誰、我在這裡做什麼？我先是主動提供班級輔導的服務，也把主題打出來。第一中學的作法通常是看導師，導師願意要我協助，我就排時間。做完一個班級，導師之間就會口耳相傳。如果學生反應不錯，我可能就有「下一筆生意」上門。學生原本是老師轉介，後來他們就會像「老鼠會」一樣互相介紹，我想學生是很務實的，他們若是發現來談過話之後感覺不錯，就會轉介其他有需要的同學前來「試試」。

當時我對於第一中學一項不明文規定有點錯愕。有一位學生因為緊急事務需要找人談，當時輔導室只有我一人，我當然就接案了，與學生談過之後寫紀錄，我那位大學同學「發現」這位學生不屬於我負責的班級，臉色有些尷尬，但是我不知道是怎麼一回事？後來負責那個班級的老師回來，我就口頭告訴她我處理的情況，但是她的態度就變得很差，我不知道是哪裡得罪她？難道我不能這樣處理？

後來有另外一位同事就來緩頰說：「邱老師，妳以後要先看學生的學號。」意思是先看是哪一個班級？如果是自己負責的班級才接案。我對這樣的情況很不能諒解；同樣的，我的同事對於我竟然「自貶身價」，走出輔導室去「拉客」，也很不以為然！我的想法卻是：學生能夠走到輔導室就需要極大的勇氣，我們給他們應該的親切招呼是肯定他們的努力，況且這樣也可以讓一般人對於諮商的認識更深刻一些。

高中輔導老師很少上課，我們輔導室有七位老師，其中一位是主任（當時他在寫博士論文），兩位老師負責一個年級。那時第一中學一個年級有三十三個班級，因此單是一個年級就是一位老師負責十六班、另一位負責十七班。我會在下課時間或是有空時走出輔導室，去看看學生做什麼？偶而也去學校內的福利社用餐，對我來說這才是諮商服務——因為我必須先去認識我的學生，他們才有可能熟悉我、對我不陌生，若是有需求才會來找我。學生丟球，我也參與；學生哈拉，我也去聆聽，不管認不認識我都主動打招呼。我在高三上帶的班輔主題是「高三症」，協助同學準備升上高三的生活，高三下距離聯考一百天左右，我會進行壓力紓解、考試生理調適的活動。

距離大考剩下兩個月左右，學生已經不必上課、作全力衝刺。我每天製作打氣鼓勵的海報，在負責班級的門上或是顯眼處懸掛，有時候還會提供笑話。第一中學學生真的很可愛，偶而會在上面加一些評論、或是感謝詞。他們念書雖然辛苦，可是在教室後面卻有幾百本漫畫，一日念書累了，就去後面翻漫畫，對我來說這根本不是「休息」，但是對他們卻有紓解壓力的作用！這讓我想起以前一位博士班學姊在準備博士資格考時，就搬了一大堆金庸小說進去，看書累了，就看金庸解悶。有一次一位要大考的學生坐在窗台上納涼，看見我經過突然問：「老師，妳喜歡柴可夫斯基嗎？」我說：「喜歡啊！」沒想到翌日我桌上就有兩片柴可夫斯基的CD，學生願意與我分享，我當然也毫不吝嗇。隔天，我回贈他我喜歡的莎拉．布萊曼，謝謝他的分享，也祝他考試順利。

我在這裡認識許多有趣又有能力的年輕人，他們在此自由學風底下的確學習了許多。記得一隻台大動物學系都不知雌雄的母猩猩，就是學校裡一位學生「辨識」出來的！當然我們也發現有些跨級升學的學生在人際與生活習慣上無法與同學相接近，造成適應不良，於是商請家長讓他們按照正常程序，回到國中去享受該有的學生生活。此外，也碰到罹患罕見疾病的學生，直到生命最後一天依然堅持來上學。我從這些學生身上學到許多人生智慧與美麗故事，也在他們身上看到未來希望。原來教育是「希望工程」，所指的不只是學生，也是老師與廣大社會。

四、最可愛的是學生

因為我剛回國，對於電腦的中文處理不熟，連ㄅㄆㄇㄈ也都忘得差不多了。當時有位小幫手「小郭」中文打字很快，於是就由我口述、他打字這樣的方式，完成第一期的「親子月刊」。我們當時是希望可以促進學校與家長之間的溝通，也讓學生與家長知道新制的升學管道，因此經費是以募款方式為之，既然反應熱烈，我們就更應該將它做好。為了要節省經費支出，我負責寫稿、學生編排，最後印刷出來的月刊也是我們摺疊、貼上地址寄出，所以要非常感謝那些學生義工們！

小郭有一天告訴我說：「老師，我要教妳釣魚，我不能只給妳魚吃。」他擔心畢業之後，我不一定可以找到一個這樣「好用」的祕書，他真的是比我有遠見多了！隔天他就拿了一本厚厚的電腦文書處理書籍放在我桌上，還吩咐道：「先念一到四十頁，有問題問我。要記得操作喔！」我雖然拖了幾次，但是最後還是要去面對，學生都這麼積極了，我怎麼可以不努力？現在我一小時可以打近二千字，許多出版物也是這樣一字字完成，雖然我用的是「二指神功」，但是我的師父就是他！現在這位學生已經是出道多年的藥劑師了。

有一位學生描述自己一路走來交友都碰壁，我洗耳恭聽，後來說出「好痛」的話，他的眼淚奪眶而出！之後我找了他班上一些同學來支持，這些同學都很有義氣，後來我問他：「你擔不擔心自己是同志？」他說不會，於是我就可以放心陪伴。在大考前一天晚上，我在家裡突然接到他的電話，聽到啜泣聲，我就知道是他，後來他只問我一句話：「我畢業以後，還可不可以找妳？」我回道：「當然，我們還是做售後服務的！」他才放心！這位同學後來也沒有再找我談，他順利考上了自己喜歡的學系，我也祝福他。

諮商與教學一樣，可以站在學生的立場、與他們同在。其實許多學生不是不願意學習，而是背後有一些阻礙存在，包括：家庭因素、家長態度、或是自己心裡的困擾與挫敗，將這些剷除之後，前路就豁然開朗。

我當時負責高三班級中，有一位導師很有名，她帶的班級也有口碑，同事告訴我：「她的班千萬不能碰！」指的是還沒有人敢去她班上做班級輔導之類的工作或是諮商服務，因為那位老師可以一手搞定！但是在我做了許多班級的輔導之後，有一天那個班級的班代找我去做班輔，我還跟同事示意說：「冰山也有溶化的一天。」同事們哈哈大笑。我相信凡事都要試過之後，再做要不要放棄的決定。

五、諮商師也會有情緒

在第一中學一起服務的同學擔任輔導工作多年，是學生相當信任的老師。她一直到退休之後，以前的學生還是常常將她家當成必訪之地，甚至是駐點所在，可以來哈拉、抱怨、談心事或是開同學會，這才是我認為的「諮商效果」。我們平日就可以留意一些細節，而不是要等到問題「大條」了才出手，況且建立關係最重要。當然在這一年期間，我也處理了一些印象深刻的案件，包括：二十九封遺書的自殺企圖、懷疑兒子性傾向的母親、有同學因為被拒絕而感到孤立，還有許多家長關切的親職問題，甚至有同學還會預約說：「老師，我畢業以後還可以來找妳嗎？」我們當然也樂觀其成！

在這裡要再釐清一項事實，原本我以為諮商師不可以有情緒的流露（因為「有失公平」），但是有一回與我一起在輔導室服務的這位同學，在談到一位肢障同學的處境、邊說邊流淚。後來我自己在處理一位學生事件時也忍不住淚眼盈眶，這才打破自己的迷思，不再「ㄍㄧㄥ」下去！諮商師沒有所謂的「中立」或「不帶感情」，而是真情流露、真誠以對。

六、權力之爭

在第一中學的期間，當時輔導室就有兩個半博士（其中一位正在寫論文，因此算「半個」博士）。原本只有一位教育博士在，因此她享受最高的尊榮。我進來之後也許威脅到她的地位（這是後來朋友的分析），所以我就開始受到某些程度的警告。

當時我對於社會學不是很清楚，更不了解所謂的同業間或同事間的「權力」議題，只是覺得這位同事的態度很不友善，而正在寫論文的主任又因為論文關係、受到她的協助，因此讓關係更複雜。我當時的想法無他，就是想辦法把工作做好，當然也希望將國外學習的一些心得作具體實踐，我的服務對象是學生，不是工作的同事。

剛開始我受到不錯的禮遇，也謙虛地請她多指教，因為我們是負責同一年級。剛進去的第一個禮拜，她沒有要我主持特別的活動。那時有一個教官與輔導室的例行活動，就是做一些類似教師知能研習，她說由她來就好，我則擔任必要的協助。但是活動時間當天上午，她突然說由我負責，我當時有些錯愕，但是還是硬著頭皮上去，把下午兩個小時的活動跑完，幸好進行順利，也就在那個時候開始，我發現我們若是在走廊上迎面碰見，我跟她打招呼，她是不理會的。

我後來與我的同學（也是同事）提到這件事，她叫我小心一點。後來有個加拿大大學的招生負責人突然在中午時間造訪，一個壯碩男子汗流浹背出現，祕書嚇得跑過來問：「有沒有人會說英文？」該活動負責人是那位博士同事，只是她不在（因為是午休時間），當時只有我與同學在，我就跑去接待、順便招呼他去福利社吃麵。他說有人告訴他距離頗遠，所以他認為應該需要一段時間趕到，沒想到坐計程車五分鐘就到了！我招呼他吃麵之後，告訴他負責的人馬上會來，請他慢慢享用午餐，然後就自行告退。那位負責同事來時我就據實以告，由她繼續接下來的活動。事後也沒有聽到這位同事說感謝的話，反而態度更惡劣，我詢問另外的同事，有一位酸酸地道：「她已經不是唯一的博士了啊！」

博士或不是博士有這麼大的差異嗎？我們都是為了服務學生啊！我其實已經很小心，儘量不得罪這位同事了，加上輔導室內其他同事的忠告，我時時謹記在心。為什麼我會如此綁手綁腳、小心翼翼？就因為那一次的輔導學生事件，我「跨班」服務，讓她極不滿意，所以其他同事就告誡我要特別小心。

我們主任是一位很細心謹慎的人，我則是較為行動導向、衝動。所以，後來主任也對我的「沒有耐心」頗有微詞，只是我不知道。之後離開第一中學到一所大學去任教時，有一天與在第一中學服務的大學同學通電話，她要我等一下、說主任要找我，我聽到主任對我說抱歉的話，說他誤會我了、很對不起，我也不知道他為什麼要道歉？結果後來與這位同學聚餐，才聽同學說道：「他以為妳是原住民，所以就把妳的很多行為解讀為不成熟。」原來這位大學同學認為我「歌喉很好」、又住花蓮，「應該」是原住民，結果就這麼告知主任，主任就用一些刻板印象套用在我身上。怪不得主任的有些行為我覺得莫名其妙，只是不願意去深究。我後來告訴同學道：「作朋友這麼多年，我怎麼不知道自己是原住民？」我沒有貶低原住民的意思，這樣的事件除了可笑之外，還讓我領略到一個人的認知（或成見）對於許多判斷的影響。

誠如我在國外進修時，也有一些外國人不清楚「中國大陸」與「自由中國」的區別，老是問我「一胎化」（one-child policy）的問題，我也不生氣，因為是對方常識不足，反而很平常地答道：「也許你該請教別人，我來自自由中國。」短短幾句話就可以釐清了。我不想涉入這樣的權力之爭，因為對我來說與其浪費精力在這上面，不如好好地做我該做與想做的事。

我最不屑於權力，但是很清楚知道：即便我今天站在很重要的位置，這都不是我一個人的功勞，而是有許多人的協助才有可能，因此我希望可以盡可能回饋給其他人而不必居功。我自己在學習與教學上獲得許多人的協助，因此我認為將自己的工作做好是應該的，可以多做的，我就不少做。

七、教育是希望工程

在第一中學讓我看到希望，也見識到所謂的「自由學風」。學生真的很有潛能，也願意去學習與經驗不同。我看到學生彼此的互助與支持，碰到學生柔軟的心與創意，遭遇家境中落或是家庭不和的受害者，卻表現出不被命運打倒的勇氣，這些都是給我最好的酬賞。我曾與學生創辦英語閱讀小團體，大家一起學習、分享，後來即便沒有我主導，他們也願意繼續，我認為這就是很棒的傳承與力量的展現。

記得有一位同學備受狐臭所苦，但是又不想因此認為自己很糟糕，所以就忽略同學或老師對他的提醒與建議。我當時在辦親子月刊，常常與這位同學照面，因為會聊天，所以關係比較不會尷尬。

有一回我們在搬月刊，兩個人都汗如雨下，我當時就道：「胖子真不好，動不動就流汗，有時候味道很難聞，別人不知情會誤會我們。」他聽了也頗有同感，我就提到最近朋友送我的除臭劑還不錯，我有多的一瓶，問他要不要試試？他說好，我翌日就帶給他，順便交換一些可以讓自己舒爽的防臭方式，他也告訴我一些他所知道的解決方式。我那位大學同學後來問我怎麼辦到的？我就說「同理心而已」！學生希望我們這些作老師的可以了解他們的處境或立場，因此不需要有地位差異或是階層意識，可以讓事情進行地更順利！我那時還與一位不願意戴助聽器的同學談話，我知道對他來說一耳有障礙已經很難過，要是再戴上助聽器，對他來說更顯得不如人或是特異。所以，我只跟他聊要如何減少誤會，讓人際溝通更順暢。

我在第一中學學到的就是：只要把目標確定好，沒有私心，就可以把工作做好。雖然初時感覺很不好受，但是這也是很好的人際經驗，讓自己知道希冀怎樣的人際關係，而哪些關係是不必強求的。我不必參與權力競逐，而在這裡的經驗讓我看見權力的影響力道。後來我會注意自己在治療現場的權力運用與平衡，以及協助弱勢族群增能；能夠好好運用權力，其實可以造福許多人。

TEACHER

第四篇

大學之道

一、教學、研究與服務

進入大學院校服務其實不是我的首選，我最想做的是臨床工作，只是當時國內諮商風氣未開，要找到適合的工作也不容易。於是我在第一中學之後，就申請到大學去服務。

諮商在這十年來蓬勃發展，民眾也慢慢可以接受向專家求助的觀念，只是諮商長期被汙名化的情況，不是短時間可以去除的。然而我相信即便是小小的力量，也可以匯聚成大的影響力，但是一日不做、距離理想就更遠。在大學工作必須要研究、教學與服務三項兼顧，加上近年來許多學校要求教師要在專業上更精進，因此定下了所謂的五年以上不等的「條款」，就是說要在五年（或限定的年限）之內升等，即便是正教授也要有相當的研究出版或論文，要不然可能會讓你/妳「另謀高就」。這與美國的一些學校不同——若已經升等為「副教授」（所謂的「終身職」），就可以不必受到學術研究的一些壓力。

我們的學校不像美國或其他國家一樣，有分成「學術研究」、「教學大學」或是「社區學院」。各個大學的任務本來不同，要讓所有大學都以一個單一標準作衡鑑，的確有失公允，也不是正確的發展方向。學術研究當然是以出版或研發居首位，而教學大學是以「教學」為重，社區大學則是提供社區居民進修的機會。我們的大學似乎是有更高要求，希望教師一手包辦所有，怪不得壓力很大。

我發現自己教學與進修的態度是一致的，也就是律己律人，自己要做的備課工作一定要先做好，然後才可以要求學生。而學期初發下去的「教學大綱」在第一節的相互協調之後，就視為正式契約、師生必須同時遵守。曾經有畢業同學回來時告訴我：「老師妳記不記得大二時有一堂課，發現我們沒有把該做的準備工作做好，結果就自己走出去，我們全班都嚇得愣在那裡，後來班代才去系辦找老師，老師告訴我們要另外補課的事！以後我們都不敢沒有事先做作業了！」的確，大學課程不像高中之前那樣——由老師餵知識——同學必須要學會自己去找資料與答案或疑問，然後帶來課堂上來討論。許多大學生沒有這樣的認知，還是沿襲著高中以前的求學習慣、十分被動，甚至不認為「求知」是自己的責任，我認為自己有責任破除這樣的迷思。

我常常告訴同學，以前自己就是「問題」學生，常常對於周遭事物甚或課文內容有許多的疑惑，也會舉手發問，但是我也發現許多老師不喜歡我這樣的學生，他們認為我發問就是挑戰他們的權威，於是我學會了自己去找答案，也許這就是大學教育的一個目的。我一直到美國去進修時，才充分體會到學生問問題的「正當性」。在研究所期間的上課模式，就是閱讀之後將疑問或是心得帶去課堂，因為老師會問我們問題，許多的評分也是依據這些師生的互動。

二、如此學生

我在博士課程時上一門「效度分析」，那位女老師特別設了一個互動網站要我們發表意見，結果當時一起修課的另一位中國大陸研究生被老師當場詢問：「你為什麼都沒有意見？沒有在網站上看到你的回應，也沒見到你在課堂上發表，你是不是聽不懂？」老師後來還要我當場做翻譯，檢視那位大陸博士生是否了解？後來還加一句：「你為什麼不像珍（我的英文名）一樣？」期末的時候，老師當掉了這位同學，說他還沒有準備好上博士班的課。這位同學來找我，說被當一科他的獎助金就沒了，一家三口不知如何過生活？問我有沒有轉圜的餘地？我於是與老師約時間見面商量，老師一見到他臉色就不對，硬是說他就是這個分數，後來商議結果，讓這位同學去取得英語課程教師的認可，要補上語言課程，才讓這位同學以B的成績通過。我在課堂上當然不想這樣羞辱我的學生，但是我的苦口婆心有時候也會碰到鐵板！

上課時，我會努力花時間去認識同學。有一回在北市某私立大學兼課，那堂心理學的課有近一百七十人選修，但是奇怪的是第一堂課人潮滿滿，還有人沒有座位坐；第二堂課就少了幾乎一半，我當過學生當然可以理解學生的毛病，於是就問班上同學說：「唉！上週坐在那個（用手指出）位置的同學，今天怎麼沒來？」其實當時只是記住學生的特徵，還叫不出名字。但是這一招果然嚇到若干同學，因此第三堂課有稍微「回流」的現象。不過還是有許多同學都不出現，於是我就認真記下學生的姓名。我記得那個班上的第一、二排坐著的都是從不缺課的學生，與我的互動也相當好。後來我不要求學生全到，因為念書是自己的事，我也管不著；但是有學生願意學，我當然也努力教，之後我再也不去這所學校兼職。記住學生的姓名是我的絕招，我可以在三堂課之內記住每一位上課學生的名字，許多學生後來也因此不敢輕易蹺課。我希望的不是出席而已，而是願意好好學習，因為我備課充分，也熱心教學。

有許多學生習慣在上課第一天缺席，可能是因為許多老師的第一堂課都不上課之故，但是我不一樣。我認為課程表上排課，就是要上課，而且一學期要上滿十八週，我都嚴格遵守，因為我領的是納稅人的錢，不能怠忽自己的工作。通常第一堂課是最重要的，除了師生討論後續的課程大綱、作業與評分之外，學生還可以據此決定自己是不是要選修這門課。如果第一堂課都不出現，當然就錯失許多重要資訊。

曾經有一位導師班學生，平日與同學相處素有「自私」之名，而且都只是向「成績」看齊。大四那一年他修我的課，還在開學第一天就特別「造訪」我，提醒我他曾經是我導師班學生，因此請我「高抬貴手」，我不太了解他的用意。期中考要做團體報告，他突然在最後一組報告完畢時，同時列席回答在場同學所提問題。我發現他不是組員，而組員看見他也一付愕然的表情，於是我心裡有數。

果然，後來該組同學寫給我一封電郵，描述了今天團體報告的情況，然後說這名同學不是他們的組員。我於是在翌日就找這位學生做說明，要他與其他兩位同學（全然不知有「團體報告」這一回事）補團體報告，但是他不願意，也矢口否認自己說謊，我很嚴正地告訴他說：「你就是要與其他還沒有做報告的同學一起合作，你要參與討論、找資料，也做報告。」不久傳出此生在校門口發生車禍，情況不嚴重，但是回到校園之後，我還是要他依照原先的承諾去做。這位學生順利畢業，後來還考取北部研究所。有一次我們學校舉辦研討會，他還與他的指導老師一起發表論文，也特地來向我致意說：「老師，妳還記得我嗎？」我只是淡淡一笑，現在他應該是拿到博士學位了吧！在求知的過程中，希望他可以了解研究所階段不只是知識的尋求與深耕而已，還需要有品格上的養成。

我們這一學門是近十年來很夯的系所，因此投考人數居全校之冠，但是近幾年來也嚴重發現學生生態與素質的差異。經過嚴格篩選過程之後，原以為上研究生的課應該比較「輕鬆」，我所謂的「輕鬆」是學生比較清楚自己的目標，因此會願意努力。但是，我前一陣子卻做了一件自己不曾做過的動作。

以往，只要我有與諮商相關的新書出版，而出版社的贈書足夠，都會分送給學生，通常獲贈者是我收到書當天上課的學生。以前的學生只要在收到書時說簡單的「謝謝」兩字，我就了解「送了該送的人」，當然這也是基本禮貌。但是，這一次將書送出去是在第一節下課，接著我還繼續上這班學生兩個小時的課，怪的是學生之後沒有任何動作！當天晚上十一時許，我還收到另外班級兩位受贈書學生的感謝郵件，而我給他們書的時間是比第一班更晚的。直到第二天中午，我猜想是不是自己養成了學生「理所當然」的態度？因為之前我也贈送過兩本書給他們，而我送的對象是不是錯了？於是我告訴系辦助理，說我要將書收回。

不久，就收到其中一位碩二男生的電子郵件，他寫著：「很抱歉，昨天沒有當場提醒碩一學弟妹向老師說謝謝。」我認為這封電郵的內容很奇怪，因為「說謝謝」怎麼是他需要提醒他人的責任？學弟妹再不懂事，也應該懂得這個做人做事的道理啊！陸續將書收回的同時，也開始收到學生道歉的電郵與卡片，但是並不影響我的決定。我後來翌週上課，也以幾分鐘時間說明了我將書收回的理由：其一是因為自己喜歡分享，但是對方並不一定做如是想，因此我應該要檢討自己喜歡分享的，是不是也是他人喜歡的？其二，我的分享偶而會碰到「熱臉去貼冷屁股」的情況，提醒我自己個性中需要注意的部分，這也是很好的學習。我在做這個舉動之前也跟幾位好友商量過，有些人認為我這個動作「太大」，可能會收到反效果、破壞師生關係。但也有人認為現在的學生的確恃寵而驕，有必要給一個「震撼教育」。還有人提醒我，是不是該教學生「做人做事」的道理？我想這些生活禮儀應該是家庭與高中之前的教育，不應該是大學老師的責任或教學目標。

事情過後，我發現該班學生有的是深怕「動輒得咎」，有少數簡直是「目中無人」。「動輒得咎」的表現出凡事都要「注意」，而「目中無人」的更是態度傲慢。我收回書上課第一天，有一位碩一學生上課時就舔著棒棒糖問我：「老師，妳就是不能教我們要怎麼帶一些特殊的團體就是了！」我們之前談到修課學生要出去帶團體諮商，但是因為他們目前才剛上這一門課，且許多還是非本科系畢業，因此我在上學期就安排他們帶領大學一、二年級學弟妹，這樣我可以做更嚴謹的監督。其中曾有一位研究生說他要去帶青少年團體，我勸說他不要做這樣的冒險，因為青少年族群團體不好帶，況且還是在校外，我也很難監督或督導，在課堂上我也重申這一點，結果這位「棒棒糖」學生就提了這個疑問。

我告訴同學，國內外對諮商師的培育課程裡都只針對一般的成人團體諮商做入門介紹。其他特殊族群的諮商或是治療團體（如青少年、兒童、受暴婦女等），都需要進一步的訓練與專業，這樣帶領起來才容易上手，也不違反專業倫理。下課後，幾位同事談起學生的上課情形也是不勝唏噓，我們這個團隊堅持十多年的努力難道要這樣放棄？還是我們必須要做一些讓步與調整？一位同事說：「妳知道，我們只要放手，學生輕鬆、我們也輕鬆，而且我們的教學評量就更好。」但是，教育不是「學店」，我們有教學以及為品質把關的責任啊！

三、教學相長才是正道

此外，我認為學生應該會問問題，也將此當成訓練目標之一。因為我認為每個人都應該有表達自己想法的權利，因此在課堂上我會聽學生的疑問，也會在過程中有不同的思考與反問動作，這才是我所謂的「教學相長」。

當然我也發現我國的學生不像美國學生一樣喜愛發問，需要有一段時間的培訓。然而這些都是可以養成的能力，而且在發問中我會強調：「問問題是學生的權利，會不會回答是老師的能力，我不會就去找答案。」在這樣的問與答之間，我們可以有學問上的交流與人際的互動，這些都是很棒的經驗。現在資訊發達，大學教師已經不是唯一的知識權威，大學課堂上我期待的是「教學相長」，不僅是學生，老師也希望可以吸收不同的知識。師生或是學生之間的交流，才可以讓學術殿堂真正發揮功能，不是嗎？如果某一堂課上了幾次之後，讓我覺得沒有進步，就會考慮休息一陣子，由其他老師接手（可以讓學生有不同角度的學習），因為我認為自己「已經」沒有「新貨」可以教給學生。我們諮商組同仁約定每兩年一位老師要開一門新課，至少可以有兩年的準備期，對我來說還不是負擔，也可以在這兩年的準備期間，好好讀一些新的研究與書籍，甚至可以做一些相關的新研究，何樂不為？

四、五十一與五十二分

每一學期對每個科目的學生，我都會儘量在三、四堂課的時間裡認識他們、叫出名字，上過我課的同學我幾乎都認得，但是他們在路上見到我可不一定認得，可能是因為「不在其課，不識其人」。有一學期，我當了兩名大四學生，其中一位A同學之前修過我的課，以六十多分過關。另外，一名B同學之前被我當過，因為她極少出現在課堂上。現在她們又來修我的課，我就在第一堂課說明清楚，表示我的標準沒有變。

我在上課第一天就會開始上課，通常第一堂課是與學生商議評分內容，需不需要有所調整？評分內容裡通常還有一項「加分」，也就是學生可以多做一些自己想做的作業當作期末加分之用，但是之前要先讓我知道他/她將做什麼。因此，基本上除了「參與」這一項（同學發言、提問的內容與上課態度）是由我評分之外，其他分數都是透明的。而且這一週所交的作業，原則上，下一週就會發下，同學都會知道自己成績。

學期中段，許多同學都會知道自己的成績。但是這兩位大四同學，即便已經修過我的課，卻還是不清楚我的上課習慣與標準，不只缺曠課、在課堂上也沒有參與，作業更不必說會繳交。因此，到期末算成績之前，我還特別以「全部加分」的方式、企圖挽回，但是她們的成績還是無法過關。接著我就詢問教務處，了解她們在其他課堂上的表現（我的想法是：如果她只是我這一門課沒過關，那麼我就要檢討自己；然而如果在其他課堂上的表現也是如此，表示學生本身的「慣性」使然），詢問了其他老師的意見之後，兩個人分別以五十一與五十二分沒有過關。

好，事情到此應該終了了，但是接下來我去住院開刀，其中一位B同學的老師護生心切，特別在我開刀第二天來醫院看我。之後就談到五十一分的這位同學，他說他擔任學生四年導師，也慢慢看到這位學生的成長，這位學生的確有比較多的問題，但是他希望學生出校門之後，可以有機會變得更好。我說：「她出去是要當老師，連自己該做的事都無法交代，怎麼去教育下一代？」這位老師的確很為學生著想，連老面子都賣給我了，只希望我可以「高抬貴手」。

我自己也可能在病中，特別脆弱（也擔心被煩），所以我開出條件，要學生在一週之內至少交出一份作業（因為這位學生許多作業都未交），品質可以就讓她過關，但是後來這位導師說，當他看到學生交來的作業，品質差不打緊，簡直讓他這張老臉也掛不住，所以不好意思要求我給她過關。但是這位學生竟然先去跟教務處說自己的成績要更改，因為我會讓她過，好死不死，那位五十二分的A同學也在現場，兩人交談之下才「恍然」竟然是上同一門課！A女認為B女五十一分都可以過關了，何況她還多一分，希望更大，所以就一起去找B女的導師，企圖搭上「順風車」。可是我一出院，學校就要我寫公文澄清為何學生成績要更改？我覺得莫名奇妙！因為不需要修改成績啊！原來兩位學生在教務處的談話，其他職員都聽到了，還上報給校長！但因為成績已經繳交，若要更改就需要充分理由，還要寫簽呈說明。

那天下午，我出院後徒步去校門口提款，發現有一輛摩托車跟在我背後，一直沒有離開，我覺得很詭異，就走進鄰近一家雜貨店，結果那位摩托車騎士也跟進來。她表明是B女（我連她都不認得，可見她出現在課堂上的次數是極少的），她求我讓她過，說她會改過，我說明之前已經給她機會，相信導師也將情況做了詳細說明，我仍然維持原案。雜貨店老闆走過來，問我需不需要幫忙？後來學生才怏怏離開。B女導師後來告訴我：A同學還帶父親前來找他，導師將事情始末全盤說明之後，該父親還安慰女兒說：「沒關係，我們考上研究所讓她看！」B女導師在多年後碰到我，對這一件事還是耿耿於懷，他說：「我真的不該讓妳破壞妳的原則！」經由此事件，我們都學會了很寶貴的功課。

沒有老師想要當掉學生，只是老師會希望自己是一個品管人員（即所謂的「守門員」），對自己所教授的科目負起責任。當然「師父領進門，修行在個人」，學生的發展要自己負責，老師當然也可以讓他們安全通過、不予管制，問題是：我們也有專業倫理呀！不要讓學生及格，對我來說是很大的掙扎，事前必須要大費周章去詢問該生上其他課的情況做參考，而且絕大部分老師會讓學生有補救的機會，這都是基於疼惜的心。少數同學會運用教師的「善意」，獲得自己想要的，我還是一句話：「汝安，則為之。」

我常常會跟學生分享我的觀察所得：大一大家進來，沒有多大差別。可是到了大三就開始出現差異，因為經過兩年的學習與淬鍊，認真學習的學生的確在自信心上有增加，同時也在行為上表現出來。而常常只求過關、糊塗度日的學生，自然是非常心虛又焦慮的。等到大四下，輔導中心就會出現許多不敢踏出校門的學生，因為他們擔心自己什麼都不會，也不知道未來的方向。

有一位男學生修同一門課，經歷過三位不同的老師，其間也修過我的課——被當了。延畢大五那一年他再來修我的課，我說：「同學，我的標準還是一樣。」他笑笑道：「老師我知道，如果我做不到，妳儘管把我當掉。」這位學生最後以七十六分過關，畢業前他特別來找我，感謝我的原則一直沒變，才讓他看到自己需要改變的態度。我也如實告訴他說：「你的進步我也看到了，我很佩服你，願意堅持下去。」這是我在教學生涯中認為最值得的酬賞，因為看到學生的改變與真誠，而學生願意改進，我們當然也樂觀其成。

五、轉念與因應之道

我剛進這所學校，是系裡的新老師，對於系裡同事其實不是很熟悉。有一位老師因為研究計畫請來國外學者做短期講學，這一天我正好有空就進去旁聽，因為只剩下靠門邊第一個位置，我就坐下來，沒想到那位主持的同事在介紹完演講者之後，就請我擔任「口譯」，他說：「正好有美國留學回來的，英文應該不錯。」我沒有畏懼，只是說：「我只能作大意翻譯，不能口譯，口譯是需要有證書的！」一堂兩個小時的演說下來，雖然非盡如人意，但是也可以交差。後來其他同事輾轉知道這件事，有點為我抱不平，認為那位資深老師在「欺生」，其實我感受沒有那麼差，正好練練我的英文！這天，我與另一位同系同事搭電梯下樓，到某一樓層，正好那位資深老師進來，按下電梯樓層號碼時他說：「唉！按錯了。」我就回應道：「我也常這樣！」後來是我們兩位先走出電梯，那位同事道：「你幹嘛理他！昨天他不是欺負妳？」我說：「我們還要相處啊！」同事說我這個人真是太天真了！

其實我來到這個學校是希望可以與同事好好相處，不管以後有沒有合作機會，大家總是要見面，經營關係是必要的，也許不能成為好朋友，但是也沒必要破壞關係。我這不是因為鄉愿，而是看見事情的優先次序。之後在學校，我還是以一樣的態度來面對這位同僚。他是一個典型的大男人主義者，喜歡以「演化論」的角度來看伴侶關係。而我則是一個「大女人主義」者，因此彼此有許多可以對話的空間，不過辯論歸辯論，不傷及個人情感。

我也發現這位同事慢慢會加入會議討論，有一回還將一箱棗子帶來與師生共享。後來這位同仁要退休前的歡送會上，還特別找我拍照，我也欣然應允，祝他退休生活愉快！其實在大學擔任教學工作非常辛苦，平常大家都是在自己的研究室裡工作，上課去課堂，偶而會在系辦見到面、拿個信，但是沒有時間和機會經營關係，我也覺得孤單。幸好系裡有不少與學生相關的活動，讓大家除了開會可以有時間聚聚，但是還不夠做更深入的了解。後來我發現若要在這個學校好好生活，就必須主動去認識我的同事，感謝這些同事願意伸出雙臂接納我這個糊塗、真誠、卻太理想化的人類。我打消了離開此校的念頭，與教學理念相同、都很認真的同事，共同努力做學習品質的把關人。

六、剽竊與違反著作權法

現在網路發達，學生寫報告常常在網路上就可以找到相關資料，或是直接向學長姐要舊的資料來「舊瓶新裝」。團體報告更離譜，大部分是急就章、緊急拼湊而成，搞得全文邏輯雜亂、用語不一。學校要我們在每一學期初都要特別告知學生尊重著作權法的重要性，但是一來教科書昂貴，若是使用原文書更是費用驚人；二則學生認為寫報告是需要「重新整理」的功夫、耗力費時，加上網路發達，許多舊生或是學長姐會將自己的報告貢獻給後學者做參考，甚至還有捉刀、替手的情況。因此，教師要非常注意自己規定的作業，最好是每一學期都不同、或是以其他形式的作業來替代。

然而現在因為碩博士課程如雨後春筍，寫報告或是小論文已經是許多課程的「必要能力」之一，因此不管是個人或是團體報告都是一條訓練的路徑。我還見過學生將一項作業分別交給不同科目的任課教師作為期末作業，有的還會將題目做若干修正。但是更離譜的是，還有人將上一學期老師批改發回的作業，用立可白將老師批閱的紅線塗掉而直接交上來。對於這類學生，我只能徒呼負負。

有一次上教師的進修課程，一位已經考上校長的主任沒有交期中報告，期末考那一天突然交上一份報告，我在監考的同時閱讀那份報告，發現似曾相識，應該是同一班某位同學的作業，只是我手中的作業已經發回而沒有證據，但是我還是請那位主任上前來並小聲告訴他說：「這一篇報告我看過了，是你們班同學的，你要不要重寫？」但是對方卻說是他自己寫的，也不要重寫，後來我問他那麼這份報告要怎麼處理？他就說「隨便」，因為他也不收回，所以我就當場將報告撕掉。之後，我在考慮要不要將其當掉？這是他進修的最後一學期，只是為人師表，即將成為一校之長竟然剽竊他人作品，而且在面質時臉不紅、氣不喘，我真是無言以對！我從此不再擔任進修部教學，免得自己淪為學位證書的「橡皮圖章」。

以前我在中學任教時就碰過這樣的長官（要老師替他寫論文），現在在大學上課，這些人還是存在，只是擔任教師還是有一些權力，握有學生的生殺大權，我後來還是會以學習品質作為重要考量。即便是上通識課（這是許多學生認為的「營養課程」——不需要投入太多，缺席不會被發現，就可以得高分），我還是一本初衷——學生有學習的權利、教師有教學的義務與責任。我會在第一天上課時告訴同學說：「這是一堂營養的課，也就是只要你願意與我合作、共同學習，將會是你我都可以學習到許多的一門課程。」我的「營養」定義與同學的不同，但是並不會令我氣餒。

同事教我道：「把每一份作業都留下來。」可是，收容空間有限，加上我認為作業是學生的財產，於是沒有做這個功夫。若是發現有疑問，我還是可以請教同事，她也會熱心翻出舊檔案查核。有位同事就是將學生作業蒐集起來，作為「對照」之用。後來聽說美國一大學教授將學生的作業掃入檔案內做比較對照，若是相似度超過百分比多少，就認定是剽竊，可以直接當掉學生，我覺得真是用心良苦！可是師生關係為什麼要弄到這樣的難堪程度？我還找不到答案。

我們的教學不只是知識上的傳授與學習而已，最重要的是潛在的學習（包括：價值觀與品德）。我認為自己很珍惜教學的這個工作，也希望自己可以不辜負職業倫理與專業，因此一直不放棄自己堅守的原則。只是現在的教育生態已經遠不如以往，學生所重視的與教育目標大相逕庭，甚至高等教育也淪為商品化，我實在對此憂心忡忡。

七、君子如日月蝕

曾經有一位師資班的同學有一回下課時很直接地跟我說：「老師，你上課跟下課不一樣。」原來我上課時可以很幽默風趣，但是下了課就板著一張臉，形成極大的對比！我後來會注意到自己的精力狀況，因為上課時會卯足全力，但是下課時卻因為之前體力消耗過多，只顧著休息，沒有注意到他人可能的感受，這給了我一個很好的教訓。現在偶而還是會有這樣的情況發生，但是會告訴同學我的狀況，他們就比較能體諒。

教師真是一項危險的行業，我常常這麼對學生說，我最怕教過的學生來找我，因為他們常常會突然天外飛來類似這樣的一個問題：「老師，妳記不記得以前上課時……？」他們會提到我說過的一句話或是一個動作或事件，這些我都沒有印象。接著他們會說這句話（或事件）給他們的省思或影響，讓我無言以對。雖然很感謝學生的迴響，但是也覺得很尷尬，因為不記得的話可能會對學生有傷害。每個人的記憶不同，即便是經歷同一事件，記得的片段也有差異，這是認知心理學的觀念。只是觀念歸觀念，學生與老師之間是以「情分」（或「關係」）來聯繫的啊！

最近幾年所遭遇到的學生素質差距較大，看過許多拼湊而成的報告，我總是在發回去之後，告訴同學可以有修正的機會。當然也見過很棒的報告，這樣的學生會被我視為往後僱為研究助理、或是鼓勵其投稿期刊，甚至列為寫推薦信的對象。如果是上通識的課程，學生與我的淵源通常不長，但是我的標準沒有差別。若是上自己系裡的課，可以連續與我有上課緣分的也不多，總是一班約十來個左右，因為我要求的報告多、分數也不好拿。我常常告訴學生說：「上課不是你在觀察我而已，我也在觀察你。如果有朝一日你需要我的協助，像是推薦信之類，我就會將這些印象列入考量。」

我對於寫推薦信一事也有自己的原則，不熟的同學會先婉拒。如果他（她）依然堅持要我寫，我一定會另外附上推薦信內容，讓學生做最後的選擇（用或不用）。凡是推薦信我都親力親為，即便是英文推薦信亦同。因此，我對所寫的內容負全責，我不是寫同學的「優勢」而已，因為只是寫「優勢」，推薦信就顯得「太假」，我也會將學生可以「改進」的部分作補充，鼓勵的意味大於貶損，這才符合「人性」。

我們教學不是學功夫，也不擔心自己被「解聘」，因此不需要「留一手」。我擔任的是諮商師訓練課程，諮商師要能夠真實面對自己，才可能真誠面對當事人。因而我非常強調諮商師的「自我覺察」功夫，希望學生可以跟我一樣，不管是在諮商室內或諮商室外，都是言行一致的人，不需要做假或戴著假面具。人際關係同樣如此，我以真誠的心待人，別人也會投桃報李，彼此不需要偽裝或掩飾，這樣不是更好？我們每個人最終還是要給自己的人生交代，不是嗎？曾經有位學諮商的同業說：他在諮商室內就努力做個專家；走出諮商室，他就是他自己。這樣的評論我同意，也不同意：為什麼不能是同一個人？對我來說，在學校內外、諮商室內外，甚至對家人與朋友，都希望是一致的，不會因為面對的人不同，而有極端不同的表現。對我來說，一個人只要行得正、做得正，就不需要掩飾或害怕。

八、論文讓他家破人亡？

碩士班學生找指導教授，我通常會給他們第一關的協助，也就是先聽聽他們對論文題目的了解如何？我知道有哪些老師可能對這個題目有研究或興趣？同學可以先去閱讀哪些期刊等，然後會建議同學去找適當的老師。但是學生的作法與我的不同，他們通常是自己擬好若干題目，然後要老師去選，有的會將「好過」或是「罩得住」的老師安排在名單上，也不理會老師的專長，這樣通常會碰到許多障礙。

記得有一位學生是跟著一位老師做科技部研究，所以論文就用老師研究其中的一部分來呈現，但是卻碰到許多數字無法解釋，連指導老師也沒有說明。後來要我簽名，就覺得自己好像只是橡皮圖章，根本不是論文把關人（gatekeeper）！之後我有自知之明，向那位同事表明自己以後不會再做這樣的背書工作。

也有研究生在論文口試當天才將論文全文交給指導老師，指導老師本身都還沒有看過，卻就在下午要進行口試！我在閱讀論文時也發現，我在學生提論文計畫時就提醒研究生許多的注意事項，她根本不放在心上，把許多資料白白浪費。該生在口試過程極為慌張無措，對於自己所做的研究十分不清楚。我後來不願意簽名，結果另一位校外口委與指導教授竟然百般說服我要「讓學生畢業」，我卻認為學生是從我們系所出去，代表的是系所，論文品質不能馬虎，但是兩位同業的重點卻在於「讓她畢業」。因此，我提議讓學生修改到更好，就願意簽名，後來是指導教授拍胸脯打包票，我才信任對方，沒想到一個多月後收到的論文卻是慘不忍睹，因為根本沒做多少修改！

隔了一年，有一天我上夜間部課程走出教室，一位之前的學生特別在門口等候，我定睛一看：是那位研究生！她向我道歉，說明自己當時因為有太多雜事紛擾，沒有用心在論文上。我拒收她的禮物，因為這不是我的風格，看過她的卡片之後，除了看到她所說的理由、別無其他。這也讓我深刻去檢討自己到底要協助學生論文到何種田地？我應不應該降格以求？教師的功能與職責到底應該設在哪裡？

我最難過的是之前指導過的第一屆研究生，他本身是小學教師，同時負責行政工作，每週有兩天來上研究所課程，之前找指導教授做了幾個月，該師嫌他對於某取向的諮商不嫻熟，決定不繼續當指導老師了。接著這位研究生就找了幾位老師未果，最後是打電話到我台北家找到我，在電話中他哭道：「老師，都沒有老師要我了，妳是我最後的希望。」老實說他要做的題目我很不熟，所以我也必須要從頭學習，只好硬著頭皮幫忙，要不然他真的就不能畢業了！但是我的同情心卻讓自己吃足了苦頭，因為這位學生英文能力不佳，卻要用美國一位教授發展出來的評量表，加上許多驗證的研究也是英文居多，我於是以電子郵件替他聯絡這位老師。對方很高興有人在不同文化做相關研究，提供了許多已經出版的論文，甚至希望可以在論文完成之後寄摘要給他，我當然很感謝這位國外老師的熱心協助。但是學生找人協助評量表的翻譯內容十分奇怪，我只好重修。有些英文文獻他看不懂，我也做摘要與翻譯。最後我要其將論文找人做潤飾（因為文句太不通順，夾雜許多怪怪的「英文化」中文），終於讓學生可以順利通過口試。

隔年教師節前夕，我收到這位畢業生的電子郵件，裡面除了祝我佳節愉快之外，還加了一句：「老師，寫那篇論文差點讓我家庭破裂。」我不知道學生為什麼要這樣寫？我只知道他在論文進行中也曾提起與孩子相處時間少，甚至老婆有抱怨，但是是學生要畢業的，指導老師的職責是協助學生畢業不是嗎？這一個事件讓我反省自己要收的學生似乎也該符合某些條件。學生將論文責任推在我身上，或是在進行過程中不能忍受挫敗或辛苦，我們是不是可以解除契約？

過幾年，我也碰到一位年紀稍長的研究生，她就是認定要我指導她的論文，卻不願意在暑假過後將論文進度交上來，她給我的理由是：因為回家沒有地方住，必須要賺錢，因此完全沒有進度！我當時還找系主任商量，甚至想將自家的租屋借給她，但是其他老師卻反映了不同的印象，說她平日都去參加費用頗貴的工作坊，也兼差工作，不可能有這樣的情況，還說我是「婦人之仁」。

後來學生寫的論文，我看過之後給意見及修改建議，但是她卻執意不改。我認為她的論文要我不做任何評估就背書是辦不到的，何況我的出發點不是挑剔，而是讓她的論文更好。她甚至找了校外某位老師看她的論文，然後回過頭告訴我說：「○○老師，認為我寫得很好！」既然如此，又何必找我呢？她的意思是指自己論文品質不錯，況且又有一位教授認同。我於是思考自己身為她的論文指導老師的功能與角色為何？幾經思量之下，我認為自己應該擔任品管與把關，同時也不願意阻擋她的論文進度，因此後來我建議她自己另找老師指導。

同期也發生一位學生在實習時總是出差錯，兩位駐地督導都想當掉她。偏偏我又是指導論文的老師，除了實習部分要協助她，論文進度也要兼顧，在這樣的情況下，她兩邊都沒能做好。我與她溝通論文的內容，她也堅持自己的看法，甚至很情緒化地不願意與我做進一步溝通，一付「我擺爛，妳又奈我何」的態度。最後是我提出「辭掉」指導教授工作，我相信自己離開，她的論文會進行較順利。另一位學生是做老年照護的論文，我們一起工作了兩年，終於將論文完成。口試之後有一個月的時間可以做修改，但是等我收到她的全文時卻發現她沒有做修改，想要以原文交代過去。我當時極為痛心，而最後我沒有收到她的論文，她也未將論文寄給口試的兩位老師，也許是因為心虛吧！我還是責成她做完這個動作，給她自己一個交代。

後來我也發現，平日自碩一開始與學生的接觸及觀察基本上是相當一致的，這些後來出問題的學生都是我當初發現「不能配合」的學生，儘管後來有的學生可以完成論文，卻搞得兩敗俱傷！我也發現自己個性的一個弱點：受不了他人的百般請託，因此造成我所收的論文學生幾乎都是其他老師「選剩的」，或者是有「死纏爛打」功夫的。這些慘痛經驗，讓我終於學會一些智慧，接下來我的論文學生品質與合作度都不錯。

另一位同事也發現一位校長的論文與之前的學姊論文內容極為相似，但是因為指導老師不同，所以老師也不察。後來是這位老師拿到學生論文，越讀越不對勁，於是就找了之前的論文相對照，果然相似度極高。當時同事很感慨說：「他還當校長哩！對於自己這樣作為的影響力都沒有考慮嗎？」同事與我們分享與學生「鬥智」的過程，真是不勝唏噓！後來幾位同事們也一起討論學生論文把關的品質，大家的共同結論是：在協助學生畢業的同時，就不能同時做品管嗎？我們還是應該有自己的堅持與原則，雖然不是所有的同事都有這樣的認定。學生也許以「完成」論文、然後「畢業」為目標，我們擔任指導老師也是如此，只是還要加上一項「品管」。

指導論文勞心勞力，我們在大學擔任教職的老師被要求要做研究、教學與服務兼顧，上課的負擔也吃重，因此多一位學生要指導論文，就多了許多工作。況且我們又要求學生的論文品質，因此更馬虎不得！通常每兩個禮拜與學生見一次面做討論，就要花掉半個小時到一個小時，加上每兩週修改學生論文內容，直到學生完成論文，這樣來回就需要耗費許多的心力。有一回我整理、修正一位學生的論文稿，發現竟然有三十多份，也就是在學生完成論文口試之前，我至少修改了他/她的論文三十多遍。而現在教育部規定指導學生完成一份論文，老師可以領取六千元論文費，以耗費的時間與心力來衡量，幾乎不成比例！如果應邀去擔任論文計畫或口試委員，我都儘量參加，因為擔任論文口委是「良心」事業，根本不可能視為「賺取外快」的途徑。因為要舟車往返，加上仔細閱讀論文的時間（通常需要兩天以上），以及花時間在口考現場（一個半至兩、三個小時），區區的一千元根本不敷成本。只是為了學生及學術界的品質，就不會去計較金錢或時間了。

其實，在選擇論文指導老師時，雖然老師是站在較為被動的立場，但是我們可一點也不被動。我常常在課堂上提醒同學說：「你們現在的學習態度，會是老師選擇是否擔任你們論文指導的一個指標。」的確，老師也不希望選一個沒有能力、不知自己斤兩的學生做論文，因為要耗費太多的心力，等於是讓自己平日工作另增負擔。我也會告訴同學說：「寫論文是一個很好的學習過程，可以為一個問題找出答案！當論文完成時，你（妳）就是這個題目的專家。」不管採用的是質或量的研究方法，總是可以為自己當初的疑問找到一些線索，這就是所謂的「研究」。但是我們發現許多學生擔心自己不會「量」的研究方法，而改採「質」的研究法，卻發現對於質性研究方法論一竅不通，造成做論文過程中的許多困難。

然而，在課程的安排上，同事間的論點不同，有人認為「方法論」只是做論文之用，而且學了也不一定派得上用場，因此提議減少此類課程；另一派認為「方法論」不僅限於論文寫作上而已，而是一種「配備」與「能力」，何況許多人未來要從事研究工作或申請計劃案需要。雖然我自己的經驗是：方法論要學，而且是除了去選課學習之外，還需要自己自修，要不然無法讓自己的研究站得住腳。當然，一提到課程的修訂，就不是這麼容易的事了！

九、指導論文甘苦誰人知？

擔任學生的論文指導老師，對於任何一位老師都是極大的責任與負擔。我們系平均一位老師要負責七到八位大學部與研究所學生的論文，如果每週與他們會面一次討論，就需要花費至少五個小時。而且學生的論文都需要修改至少二十多次，這一來一回，總是讓人身心俱疲。我們要求大學部的學生做論文，是因為發現做論文其實可以培養學生許多的能力，包括：找資料、篩選資料、實際參與研究過程、組織與書寫能力，不少學生申請碩士班入學，他們的論文就是很好的敲門磚。只是大學部學生還可以三人或二人一組（當然也有一人成組的），碩士班學生就不是。

我將自己定位為「協助學生完成論文」的把關者，因此在決定成為某位學生的論文指導老師時，都要特別慎重。雖然有學生認為我陪他們走過這一段艱辛的論文過程是很棒的學習經驗，但是也有學生不以為然，甚至讓我會擔心下一位學生的素質與承諾。

之前曾經有過兩次不好的口考經驗：一次是系裡老師擔任論文指導，而他指導的學生只做他目前科技部研究的一部分，但是研究結果卻有許多統計數字無法解釋，而學生還是硬著頭皮做了論文口考。當然另一位口試委員也與我有相同的疑問，就提出來詢問，只是學生無法回答，論文老師也不知道為什麼？但是該指導老師還是執意要讓學生畢業，有點霸王硬上弓的態度。我後來簽字離開時，很明白告訴那位指導老師說：「以後請不要邀請我做口委。」

另一位同事的情況差不多，她的論文指導學生是在職生，平日上課時就常常假藉自己身為教師、母親與媳婦的多重角色，要任課老師「高抬貴手」。而上過她課的老師都一致認為她的學習態度與作業品質很差，但是又不願意改善。當我在受邀擔任她的論文口委時，也提醒她不要把論文做小，因為她是以實際研究結果來「套用」在既成的理論上，這其實不是質化研究的精神，也不是我們鼓勵的研究目的。最後她還是堅持要做口考，結果真是一蹋糊塗，論文幾乎是急就章。許多文獻是抄襲的，而結論與建議也不合邏輯，我與另一口委都大大搖頭，她的論文指導老師也抱怨說自己是口考當天上午，才拿到學生的論文口試本，都還來不及看完。但是，指導老師說歸說，卻還是要讓學生「強行」過關，我當場拒絕簽字，不願意做橡皮圖章。

後來是指導老師「保證」會讓學生修正補足缺失，我才悻悻然簽了字！之後我知道該生並沒有做更好的修正，指導老師就放她過關了！我當然會氣憤，一則這位學生是本所的學生，我理應做把關動作；二則對於這位別系的同事（該生之指導教授）的不守承諾耿耿於懷，這樣的理念不同讓我更清楚自己所堅持的為何？好玩的是，事隔多年之後，那位畢業的研究生特別找上我（因故未有機會與她碰面），她還在卡片裡謝謝我，只是她所說的內容仍在為自己的「不佳」論文辯護——因為當時遭受許多生命事件（婚姻、家庭），因此才會草草將論文做了交差。

擔任論文指導或是口試委員，基本的任務是讓學生的論文完成且品質不差。但是許多學生的想法與我們不同——他們只求「過關」了事。我後來也體會到一個事實：每個人都要為自己的生命負責任，如果對方認為這樣做心安，我又何必去在意？因為當事人須給自己交代，而不是給我交代。這樣思考之後，我的情緒較為舒緩與安適。我會告訴碩士班學生，論文可能是他們這一生唯一的出版品，而且會擺在國家圖書館裡，供人參考閱覽，因此要特別慎重。

我的第一位學生，就是告訴我「寫論文讓他家破人亡」的那一位；另外一位就是請校外老師看過，然後告訴我「那位老師說，我寫得很好」。還有一位同學自己本身有許多私務未了（所謂的「未竟事務」），而這些也影響到她接案，後來駐地督導還特別打電話給我，說該機構可能要「退貨」，不讓該生完成碩三實習，因為該生已經傷害到一些當事人；這位同學見到我就哭，但是她的行為模式讓我深切感受到她的「被動攻擊性」人格——也就是她經常是將自己設在「受害者」立場，要別人同情她，但是一旦別人讓步或同情了，反過來卻會覺得自己受害。她寫論文過程也一樣，前一次討論過的，她沒有修改，而是希望我動手替她改，我拒絕做這樣的動作，她就以低姿態要求，變成我好像是一個「迫害者」，同時她卻要求我要讓她的論文早點過關。後來我真的身心俱疲，無法再這樣空耗下去，於是就主動要求退出論文指導工作。

有一位研究生也是在碩三實習時被「退貨」，她於是選擇不考諮商師，但是她對於自己的論文方向拖了很久才確定，也因為國內相關研究少，我建議她去找國外資料，但是英文是她的死穴、極不情願。寫論文過程中，她常常無法如期交稿，所以就會拖沓，但同時又要我「高抬貴手」，讓她論文過關。我說自己也是一個守門員，不能要求我這麼做。好不容易口考了，列席的委員們給了她許多修正建議，接下來有一個月時間可以做修改，直到時限已至，她寄給我的電子檔是原封不動、沒有經過任何修改的內容。我告知她，但她置之不理，同事們說可以當掉她，我於心不忍，後來還是忍痛簽了字。之後我詢問其他兩位口委，他們說沒有收到此學生的論文（一般說來，畢業同學會送給口委自己最後完成的論文），我也沒有收到。

另外一位學生在口試完後的一個月內，只略修了口考老師要求的部分，我與她信件來回多次，希望她可以改得更好，畢竟這篇論文是要上國家圖書館留存，也可能是她畢生唯一的著作。但是學生後來決定不再修改，還附上一句話：「老師，我能力太差，不要期待我。」讀了真是令人難受。

最近指導一位中年學生，是在職生，她需要儘快完成論文、做完實習，但是她的問題出在研究法，導致資料很多，卻無法做最好分析，我覺得可惜。因此責成她要多花時間修改，然而最後她拒絕修改，眼看繳交期限差一天就要到了，請她到學校來詢問其想法。她先是說自己工作忙，又要照顧「快失智」的母親，後來乾脆用台語罵我說「難相處」，我當時愣了一下，來不及生氣，得先要把問題解決再說。於是我直接上電腦替她修改，此後一分兩散，不再有關聯。

雖然有前述不好的經驗，仍然有許多優秀學生完成了品質甚佳的論文。一位曾獲輔導論文獎項，另一位還在論文完成之後寫了一本書。我發現擔任學生的論文指導，常常是我對論文的「在意」比學生本身多。我會擔心他們論文的品質與能否完成，但是他們卻多半要我「高抬貴手」，讓他們「過關」就好！當然也有不少學生是認同我的作法、願意與我配合的，這些人的論文基本上品質佳，我會鼓勵他們改寫成一般期刊論文去投稿。如果這些將來需要我幫忙或是寫推薦信，我也會義無反顧，這就是好的互動與信任所產生的好結果。

十、最佳服裝獎

我穿衣服以舒適為主，也因為在國外當學生久了，沒有太多特殊場合需要盛裝出席，因此服裝都是以棉質、長褲為主，偶而以裙裝出現，還被同伴驚為「天人」，其實我為的只是「通風」而已。記得在博士論文口考時，特別穿了連身洋裝，還化了淡妝出席，那時還有一位老師認不出我來。到學校任教，從以前到現在，我都不將服裝列為教師專業之一環，所以常常鬧笑話，包括：有一年我在某班上詢問本系「最佳服裝」者為誰，答案是某位上統計的同事；後來我問：「那麼最差服裝呢？」全班四十幾位同學頓時低頭「默哀」，我當然就清楚答案了！因為我基本上是以單車代步，穿長褲對我來說比較方便。只有一陣子因為開刀、換穿長裙，還引來學生異樣的眼光！也因為有自知之名，我因此不太喜歡照相、上鏡頭。有一位學生參加教育部電子報的「麻辣教師」徵文，特別跟我情商要照片，我除了大頭照、沒有生活照，最後學生就以一張活動中的「遠距離」照片交差了事。雖然有點不好意思，但是也無法拿出自己沒有的東西。

有一次邀請一位學音樂治療的人來給研究生作演說，看到他來，我就順便倒了一杯水送上去，結果對方開口問我說：「你們邱老師什麼時候來？」我愣了一下，然後說：「我就是。」對方有點尷尬，但是我不以為忤。除此之外，還有幾次演講場合，我先到達時，就會找位子坐下，主辦人常常找不到我。時間一到我就走過去自我介紹，他們才恍然。我不是自己故意「低調」，只是現在有太多場合是以「衣裝」論專家了！

有一次一位學生告訴我，因為他跟其他同學打賭說我今天會穿哪一件衣服，結果他贏了！我問他說：「怎麼猜的？」他說我每天穿的衣服就差不多那幾件，所以很好猜。原來我會將習慣穿的衣服放在房間開放的衣架上，這衣架是我順手將洗好的衣服掛上的，因此如果不是特別去整理，我真的就習慣將那幾件衣服換著穿，學生真是知我比我自己更多啊！

衣服邋遢是一回事，我還真不懂自己穿衣服的模樣。曾經發生過幾次衣服穿反的情況，學生均會善意提醒，我也毫不掩飾、馬上檢查，然後謝謝對方。有一回更離譜，是去研討會上發表論文，結果衣服穿反了，同行的同事提醒我，我低頭看了一下說：「沒關係，等一下找時間換就好。」結果一直沒有時間去更換。到了晚上與小朋友約談，一位小男生就很貼心地道：「妳的衣服好像穿反了。」我謝謝他、說我知道，還自嘲道：「從今天早上就這樣了。」

我的許多衣服都是妹妹們慨然相贈，因為她們想要修正我的眼光。現在偶而會逛逛市場，看看衣服的設計、了解學生的穿著。我的衣服都是地攤貨，只要好穿、舒適，又有什麼問題？今年帶大一新生，在與班上同學初次見面時，有一位學生就說：「老師，我們聽說過妳。」於是我很好奇地請教他說：「聽到什麼？」他就說：「長得很奇怪，很嚴格，很man。」我心中只是暗笑，反問他看到我之後的感受，他也很直接而白目地道：「是啊！長得很奇怪。」這些就是我目前必須要面對的新新人類！有感於最近幾年來發現學生生態的許多變化，所以在幾年前還特別寫了一本給大學生的《A+大學生的42把關鍵鑰匙》，希望可以作為大學生學習的一些參照，到底效果如何？真是只有天知道！

這位說我「很man」的同學，在大一那一年沒有修我的課。我記得那一堂課是修訂新課程之前的一門「諮商員的專業成長與自我覺察」，我自己帶的導師班也是空前「只有」二十人選修，可能是被我在暑假時post在系網上的要求給嚇到了。我當時請大一同學利用暑假先做九本書的閱讀，另外每天做一件好事。第二年，這位同學竟然出現在我的「性別心理學」課堂上，我很好奇問：「同學，你走錯教室了？」他竟然回答道：「我希望修正自己的讀書態度。」我很清楚地回應：「同學，你不需要靠著上我的課來修正你的讀書態度。」他還是選擇待在我的班上，只是我不知道他的「讀書態度」有沒有因此而做了修正。

我的服裝以舒適優先，因為自己胖，所以可以選擇的樣式也不多。有時候走在路上也是「路人甲」，偶而還被誤認為是「店員」。其實對我來說並非障礙，因為我相信「實質」更重要，當然偶而也需要「衣裝」來撐撐場面。

十一、「龜毛」演講者

以前剛來這個學校時，校長還會自己「接」演講，然後叫我去。後來發現這樣實在不合理，學會了拒絕。因為做研究、或是寫了相關的論文，再加上是諮商人，因此有學校或社福單位會邀請我做演講。只要我可以貢獻所學所知，都會儘量參與。只是對方常常是一封電子郵件過來，說明邀請單位與要演講的主題，然後就認為這樣我「應該」會應允，但是我卻有許多「前置作業」要做，包括：演說時間（若與上課時間衝堂，我不會去）、演講題目（不能太概括、太大，如「兩性議題」，而且最好是「供需相符」）、地點（我是小折一族，要到外地去，必須知道可以到達的交通資訊）、演說時間長度（才可以事先作準備），這些「條件」我認為是合理的，但是邀請的對方卻不做如是想，有時甚至認為我故意「刁難」。

我不是演說專家，不會天花亂墜，而且我希望自己所說的也是聽衆需要，甚至可以受用的，但是常常聽見對方的聯絡人會說：「妳是專家嘛，隨便說說就可以了！」「這個題目對妳應該很容易吧！」或者有人會說：「我們的題目就是『親職教育』，這不夠清楚嗎？」但是老天爺，「親職教育」含括的範圍太廣了，例如：親子關係、管教問題、溝通，還有符合不同發展年齡的議題，甚至是較為特殊的情況（如自傷、過動兒、強迫症，或是危機處理、自殺）？面對的聽衆是家長，還是老師？這些都會影響演說的內容與重點。通常一場三小時的演講，事前必須先花費相對的時間（或以上）來做準備，必須要「扣緊」主題，而且以案例或是故事方式呈現、說明，因此是要耗費心力的。我承認自己是比較笨拙的演講者，因此不輕易接案子。很多時候若我知道有更適合的人選，會推薦或轉介出去。

其實如果真正以成本來計算，我每一回的演講都是虧本，因為我希望與聽衆溝通互動。因此在整個演說過程中，我會提問、或是請聽衆問問題，接著會送出一些獎品，通常是我自己曾經有過的著作。因而一場演說下來可能送出七到十本書，等於就是演講費。有聽衆告訴我這樣荷包很「傷」，也許是自己的「敝帚自珍」吧！老是送自己出的書，不是很張狂嗎！許多自己出版的書還是要向出版社購買，這也是關乎成本的問題，只不過我覺得有些題目儘管是用演說的方式，在極短時間內將精髓都說出來，還是不夠扎實。若是輔以書本的詳細內容，也許可以讓聽衆收穫更多。

當然也碰過一些主辦單位，要我替他們「購買」自己出版的書，對方的用意是說：（一）請你來演講，還買你的書，真是給足了面子！（二）作者自己買書，一般說來價格會有折扣，所以也算是節省；（三）省事——作者來演講，又替主辦單位訂購書，讓主辦人省了許多麻煩。不過，我對於這樣的「優惠待遇」其實是敬謝不敏。因為，我一來不需要為出版社作業績，二來我認為以購買方式為自己行銷，也不是我的作風。

以往，對於演說我不會計較金錢或費用，但是希望可以藉由演說與聽衆互動，多了解一些事情的真相。有一陣子，為了系裡成立的「社區諮商中心」衝業績，我還接了許多演說，雖然有些演說還要自己自行前去，舟車勞頓、也很花時間（因為我是單車族），但是覺得忙得有意義。

然而後來有一位也在擔任教職的研究生邀約去她的學校演講，那次演說我足足站了三個多小時，那個學校的校長一直在座聆聽，只是她將「教師研習」與「家長座談」兩個計畫結合在一起，也就是在場的有教師與家長，校長是「一魚兩吃」。我會後未收分文，這一次事件卻讓我非常感冒，一則是校長在演講後致詞時自己邀功，二則她並未考量到演講者的辛苦（我自己也要負一部分責任，因為我「應該」要求）、缺乏同理心，而且這場演說連公文都沒有，我是以自己的時間去做的。從此之後，我就告訴我的助理：每一場演講都不是免費的，而且公家機構也有「公定價碼」。

後來某一軍事學校邀我去演說，題目非常重要，是關於他們學校畢業生分發之後到新單位的適應。我其實很想去作演說，只是後來對方聯絡人以「預算被砍」為理由，要我「共體時艱、為國服務」。兩個小時的鐘點費被縮減成為一個小時的費用，演講時間仍維持兩個小時，這一句話聽來竟十分刺耳！後來我參酌其他同事的意見，回絕邀請，理由是：（一）會破壞行情——其他演講者會因此被「降低」價碼，我就成了害群之馬；（二）也破壞我自己的行情——我的演說都要花許多時間準備，而且還會寄給邀約單位大綱，在與聽眾互動時還會贈送禮物，這些心力不是區區的鐘點費可以涵蓋。

雖然演說也是「校外服務」的一種，但是我們平日的工作量就很大，這樣的服務又不是開口就行，還需要做一番的準備功夫，其心力的消耗與備課同等，可以不接就不接是比較明智的作法。只是我們在大學任教，又有自己的專業，有時候甚至是要做類似的宣導或研究，因此也不能免。有些職員或同事誤以為演說是「賺外快」的便捷之道，我可不這麼認為！

十二、上課方式

在大學上課，光是講授還不夠。學校要求須使用「多媒體」，而學生也會對老師的授課方式有建議。我上課的方式基本上還是傳統的「講授」，但是不是我一個人「自說自話」而已，而是要求「對話」。因此不僅同學要「有備而來」，我自己事先也要做充分的準備工作。基本上一百分鐘的課，大概需要三個小時的時間來備課，我知道自己不聰明，所以努力用後天的功夫來補足。

由於我上的是「諮商」，著重實務與理論，因此我總希望自己所上的理論要「由淺入深」，讓學生容易了解，也因此舉例說明就變得很重要。我相信理論也是自日常生活而來，因此可以互相映照。為了讓學生可以將所學的理論在日常生活中實踐與運用，我會在每一堂課接近結束時，要學生做一些家庭作業。這些家庭作業有時候只是動動手、或是思考一下而已，不是什麼大工程；有些是走出教室，去觀察與訪問。學生也許不習慣我的方式，有時候配合度不高，當然就不會去做，但是願意合作、配合的同學，也會有不同的收穫與思考。有些議題具有爭議性，我會用討論或辯論的方式，不只是「一問一答」，多半時候不只是我，其他同學也會針對某個進行中的議題做許多爭論與對話，這才是我所謂的「大學論壇」。

也許是因為我本身的學習方式喜歡發問，因此也希望同學可以藉由發問、挑戰自己與他人的想法，這樣才能聽見不同的聲音與看法。此外，我認為傳統的教育太制式化，總是單向的傳輸，但是現在教師不是唯一的知識權威，學生也非只是從教師或教科書上獲取資訊。在教育現場可以提供的最重要條件就是：人際之間的互動與學習，因此我希望同學都可以有機會發聲，也聽聽別人的意見，這樣可以拓展視野、心胸更寬容。在課堂上偶而來個辯論，將學生分組、以奧瑞岡式的方法進行，學生必須要學會傾聽，也為自己的論點辯白，進行辯論的過程與結果都是學生親身操作，我只是站在督導的立場，把主導權交給學生，他們可以好好發揮！

另外，只要有可以去接觸不同族群的機會，我也不會放過。像是安排與學齡期兒童或是青少年的對話、帶學生參訪福利與獄政機構等，甚至邀請專業人員來演說，這些都需要做特別的準備與額外費用。學生不知道這些特別的安排都是我去做，費用也是我自己出的（學校不會補貼）。我的目的是要讓學生可以在一學期的課程當中，看到不同的經驗與學習。也許，我在教學生上所花的心力很多，因此會有相對等的期待，總是希望學生可以珍惜這些機會，學得更扎實。

這些年來，隨著學生生態的轉變，我發現學生越來越不可以期待，除了修正自己的要求之外，也將上課方式做適度調整，似乎還是不能讓學生的學習動機更強烈，怪不得有多位同仁都開始去思考退休的可能性。有位已退休的長者告訴我說：「當妳看到學生，再也沒有熱情時，就是考慮退休的時候了！」我謹記在心，最近也為退休做一些準備，包含去學習素描、語言與太極，希望持續自己專業的義工服務。

十三、進修之道

「教然後知不足」是很典型的教師困境，因此許多教師在工作崗位上待了一年左右就會發現自己所學不夠，這個時候的進修意念特別強烈。如果在此時沒有任何積極的進修動作，可能就會再蟄伏一段時間，甚至永不出現。我發現自己在教學上若是沒有新的議題或觀點出現，就是需要暫停、去充電的時候。幸好我做的是研究與教學，因此儘管研究的進度不如人意，但是念書與思考是日課。然而有時候發現自己的研究議題有許多缺失，就必須多多閱讀。

近年來我比較傾向社會科學的研究方式與議題，但是發現自己所受的訓練嚴重不足，所以就想要進一步去學習。首先是「女性主義」，這與我多年來教授性別教育課程有關，不少同事都是研究社會學出身，他們思考的縝密令我折服。所以，我希望自己可以真正去上課、做研究，因此有一陣子還申請了到美國去念書，只是在時間上都安排不妥當，就退一步思考在國內進修的機會。這一、兩年接觸藥物上癮者，讀了一些有關犯罪的論文，也在考慮去私淑大師的講學，但是一位同事申請進入附近學校念商學碩士（他之前已經有教育博士的資格），主校政者竟然駁回他的申請，理由是「該師才能已經太多」！我聽到這樣的消息，內心百味雜陳。

雖然我有諮商師證照，需要固定的進修時數，但是我也希望可以多探索其他領域的東西，不只可豐富生活，也可以多一些知識、協助我的教學。畢竟世界上的學問是息息相關，不是分別獨立的。平常我們要做研究、讀論文、廣作閱讀、或是參加相關的工作坊與演說等，這些都可以讓我們往前更進一步、充實自己的生活與事業，只是這些活動也會擠壓到平日的責任。

有時候為了完成一篇研究論文，還需要閱讀百篇以上的論文，與學生分享做研究的喜憂時，他們很難想像！因為學生基本上的謬思是：大學老師好輕鬆，一週只要上十到十四個小時的課就好，還有寒暑假。多年前有一位學生與我一起參加一個工作坊，主講的老師提到自己在大學要做研究、指導學生等工作，有時候同事之間還在比較誰待在研究室最晚。工作坊結束之後，學生才悻悻然道：「老師，我之前以為當大學教授很輕鬆，現在不這麼認為了！」

只要能閱讀、與人有深度討論、多觀察與省思，都可以讓自己的生活更有內容。時間也做好安排，了解自己來人世間是有任務與意義的。我喜歡這樣「過日子」。

十四、選修課的困境

我上的課以選修課居多，所謂的「選修課」就是學生「自己」選擇、「自己」負責的意思，然而近幾年來卻也讓我碰到許多困境。以前剛來大學任教，看到許多同事都是上「必修課」就十分羨慕，因為班上人數很多、「人氣」很旺！後來同事聽了我的抱怨笑道：「必修是因為學生不選我的課我才（不得已）去上的，而且誰希望改那麼多作業跟考卷啊！」也許是因為之前選修的學生很多，我不覺得有異狀。

然而近幾年學生選修人數銳減，有時開課頂多十多個人來上。尤其是開通識課最麻煩，通常第一堂課教室擠滿了人，然後發下課程大綱做說明之後，人數就銳減到十多個不到。同學們的反應是說：「通識課還這麼囉唆、這麼多作業！」原來同學們所謂的「通識教育」課程目標與校方所想的大不相同！學生希望用通識課的成績來「彌補」其他專業學科的成績，基本上他們認為通識課老師都比較「上道」，一來不點名、二來成績給得很高、二來對學生要求不多。但是當他們碰到我這樣一個把每一堂課都「認真」上的老師，規定許多需要完成的作業或報告，當然就第一個剔除。

五年以前，我還碰過大四學生來上我的通識課，當時我還很疑惑地問她說：「這一門課每一學期學院都有開，妳為什麼到現在大四了才來修？萬一被我當了怎麼辦？」這位女同學說：「我等了三年才修到妳的課。」因為之前我都沒有在通識開這門課，這一次有機會針對學校所有學生開課，因此她就填寫進來了。期末之前我又問了這位同學說：「有沒有後悔？」她搖搖頭，我查看她的成績，八十多分，可見是相當用功的學生。

現在，我們偶而要支援通識課程，我已經學會讓自己「有所準備」，也許第一堂課看到滿滿的人潮，先不要欣喜、也勿驚慌，等我發下課程大綱、並做說明之後，與同學協調評分的比率是否做修改，然後我要記得下課十分鐘。第二堂課留在原教室的人數，才是「真正」可能選課的人，這樣一來一往的人數可能差距三十位。但是，這還不是最後修課的人數，因為有些同學偷懶、第一節課未出現，後來發現有人退選就急急選上。正式來上課卻發現作業繁重、要求太多，自己不可能配合，但是又錯過了退選時刻，因此就偶而來上上課，只要維持不被連續點到六次名的紀錄就可以。偏偏我這個人上課，通常會花幾堂課時間去記同學的名字，因此只要眼一瞄，就會知道有誰缺席。為了維護其他出席同學的權益，我只好每堂課都送點名條，當然就讓同學無所遁形了。

曾經有一位同事教學品質很好，但是她的課常常因為選課人數不足而流標，因為她：（一）課前一週給課程摘要，要學生先預習與熟讀；（二）上完課後立即考試，檢視學生的學習情況。結果這麼認真的老師竟然沒有課可以教，只好去教「必修課」。我不知道現在的學生是怎麼了？學生一方面抱怨「選課」空間太少，但是又不容許老師有教授選修課程的機會，這樣的兩難之境，我們充分體會！即便現在的能力仍然要靠自己努力去學習才能獲得，學生求快心切的情況依然不衰。

想想看幾年前「林書豪」旋風，許多人看到他八連勝的風光，卻沒有仔細了解他要進入美國職籃所付出的心力與艱苦。

我的課程大綱上有一條是：基本上可以缺席一次，因為人生無常，但是缺課二次以上就酌予扣分，這樣是為了維護出席同學的權益。再者，出席上課是學生的責任與義務。「選課」的基本立論是：自己選擇、自己負責，但是常常有許多同學「誤解」了這一點。我通常是在學生畢業多年或是念研究所之後，會收到他們的賀卡或是問候，雷同的是：他們會對於我過去「嚴格」的要求與教導深深感激，因為那趟過程雖然辛苦，但是所學扎實。我只希望自己並未違背自己的工作責任。課堂上的許多作業都是為了達成教學目標，因此選我課的同學負擔很重，我不僅要求他們上課要「有備而來」，而且要在課堂上與我們做交流、互動、貢獻自己所知。每一堂課都有團體與個人作業，以及每上完一堂課都有回家作業要做，因此他們上得很「痛快」（在痛苦中有快樂）。

我擔心自己的課無法與時代同步，因此即使是同一科目也會做許多調整。上學期，我將自己常上的「生命教育」作業做了一個微調，要求同學去訪問自己父母親的成長過程，然後在課堂上用五分鐘時間呈現，因此學生必須要「去蕪存菁」，把最精髓的東西展示在全班面前。結果不少學生因此更了解家長的辛勞，在分享中我看到了他們的成長，而全班同學也都有不同的體會與感受！那一堂課結束之前，一位自中國大陸來的交換學生告訴我，她在這一堂課中學到很多、也受到許多啓發，甚至對她的碩士論文有了更明確的方向。我謝謝她的參與及貢獻，並且回道：「我只是做了自己該做的，妳的學習是妳自己的功勞。」

曾經有一位大二學生告訴我說：「老師，我覺得我們系的老師很會教。」我當時回他道：「要學生會學，才會知道我們會教。」的確，我在師大上孫邦正老師的「教育心理學」時，他曾經說過一句話，我一直牢記在心：「即使全班只有一位學生在聽，你也要全力以赴。」有這句箴言引領，到目前為止，我都不敢怠忽自己的責任。

十五、校外觀摩活動

我的許多課程都希望與實務可以連結，因此我會思考該如何進行，讓學生收穫更多。每一學期的課程大綱，我都希望可以有創新，一旦安排了，就要戮力去完成。這些年來，我不僅邀請相關講師來課堂演說（一小時一千六百元計，一位講師就要花三千二百元，還要贈送對方一本書與卡片），還安排學生做學校或機構的參觀行程（自己要貼交通費與獎品），有時候根本就花費過多，但是學生不了解這一點，我也沒有多做解釋。學生可能以為這些額外的活動都是校方負責，因此不需要去擔心。若是邀請講師來演說，可以儘量安排在課堂上課時間，但是授課教師若將「參訪」列入學習項目，基本上是不可能在課堂時間完成，必須要另外找時間，有時候還要利用半天以上的時間。而在參訪之後，課堂的課還是要照上，竟然有學生誤以為「不用上」可以「抵銷」，我不清楚學生為何有這樣的邏輯出現？

以前我上「青少年問題與輔導」課，不僅會邀約本地對於青少年輔導有經驗的人士來課堂上演講，還會帶領學生去參觀矯正機構、或是進入校園直接與青少年互動。選課學生覺得有趣，也在與這些族群的第一類接觸中看到許多生命面向，這才是我所謂的「學習」。以「兒童心理學」為例，我先要學生填寫有空堂的時間，需要找最多學生可以出席的時段，接著要考慮交通的問題，然後因為要去小學課堂與小朋友對話，所以要修課同學準備題目、甚至是活動。接著我需要準備給小朋友的禮物，還有答謝導師與負責聯絡教師的小禮物（通常是書）。上一回帶將近二十名學生去一個機構參訪，如果以機車代步，還要保學生意外險；若以公車的方式為之，又要配合公車時間，會耽誤到參訪約好的時間（有些機構提供參訪的時間固定，不能更改），只好讓學生坐計程車，這些費用都要我自己出。當我看到有些老師竟然可以一堂課聘請不同的人來上，心裡就在質疑：「要花好大一筆錢啊！」

我們系上的「服務教育」之前是拿到系裡面自己安排，為了要落實、培養學生的

「服務」精神與經驗，我們有一批老師幾乎是全程投入。因為我們認為既然讓學生出去服務，就必須要負督導之責，因此我們做了很多。就拿學生為弱勢學生做課業輔導，學生是分三批、每週有三天去課輔，我們四位老師則是輪流，每人一週輪一次（兩小時）去監督學生的課輔工作，順便處理臨時出現的問題。

有些學生不是因為天資不良，而是家庭環境或是文化刺激不足，導致求學動機不高，有的甚至有家暴、心理困擾。因此我的工作就是與學生建立關係。必要時與其晤談，了解其身心狀態，甚至進一步協助其解決。我們不只購買相關書籍與參考書，讓學生可以先備課之後才去教學，還邀請退休老師教導我們的大學生解題方式，這樣他們就可以更有自信地去協助那些課輔的學生。

此外，每週還花兩個小時課堂時間，全班分享與解決可能遭遇的問題。而我們還不是投注短時間而已。光是一個機構的課輔，我們就連續做了四年，看著課輔學生從國中到高中。當學生對自己未來沒有展望、或缺乏目標時，我們還隨時陪伴與鼓勵，這些都是在沒有其他奧援的情況下艱苦完成，但是我們都沒有抱怨。我記得有位同事還在週末時間讓課輔學生來系裡念書、準備考試，除了提供其念書空間之外，還購買食物或便當給他們止飢。我們沒有要求回報，能夠在自己能力範圍內，提供這些弱勢族群資源與關愛，看到他們可以安心學習就是最大的酬賞！

十六、生活教育是大學教育目標？

許多同仁目前抱怨最多的應該是學生的「生活教育」，因為許多學生連最基本的應對進退都不會。只要一發現錯誤或失敗，第一個動作就是指謫他人。以前大學時在師大上課，老師進門時班代要喊「起立、敬禮」、同學要喊「老師好」，然後才可以落座。下課時亦然，同學要喊「謝謝老師」才可以離開教室。當時我們都認為這是應該的禮數。現在在大學上課，我發現老師是最沒有地位的，也是最陌生的。同樣進入電梯，站在門口的就必須「負責」按鈕，甚至詢問其他人要去的樓層。我走進電梯通常是被視為「電梯歐巴桑」，同學喊樓層的態度似乎理所當然「妳該替我服務」。

於是我開始做一些動作，包括在同學離去時加一句：「你/妳是不是忘了什麼?」或「你/妳忘了說謝謝!」有些人會覺得不好意思，補上一句；有些人還是大喇喇揚長而去。我後來在心情不好時，就會退居電梯後方，不去擔任「義工」，但是在離開電梯之時，我會很大聲地向那位服務同學、或是讓我走出電梯的同學說「謝謝」。

學生進入系辦公室，彷彿入無人之境，理所當然地使用系裡所有的物品，有時還忘記說謝謝。有一回暑假，我在系辦結算成績，一位已經畢業的研究生偕同她的新婚夫婿（我收到邀請卡，也回了賀卡）直接進入系辦，而且很自然地使用起電腦。兩個人還有說有笑，完全忽視我的存在，我當下自然覺得錯愕，後來就知趣自行離開。之後針對學生的行為，還在系辦門口張貼「進入前請叩門」字樣，收到若干預期效果。

上一門大四的課，已經十點多了，有一位男學生還在用餐，我於是清清喉嚨喊他的名字，他抬頭、手上吃麵動作沒有停，還說：「幹嘛？」我想他可能是因為前兩堂有課，所以沒有時間吃早餐，於是加一句說：「前兩堂有課？」他回道：「沒有啊！」接下來我就不知道該怎麼辦了！之前有位大一男生自告奮勇擔任班代，但是每每有事要找他，同學就說他回新竹家了，但是他在事後都會九十度鞠躬向我道歉。然而屢屢發生同樣的狀況，我覺得他的道歉缺乏誠意。後來也發現他每週五一定會回家、週一上午才來學校，因此我建議他重考到北部學校較佳，因為他對這個學校的埋怨很多，像是宿舍沒冷氣、同學與他關係不良等。我告訴他友誼是要經營的，現在他每週回家，參與同學活動的機會很少，怎麼建立關係。後來他找母親一起出席，但不是找我這位導師，而是另一位老師，他母親抱怨說導師對她的兒子有成見，常常找他麻煩。後來這位老師也建議他休學重考，既然他離不開熟悉的環境，轉學或是重考應該最適當。

有學生休學年限都用光了，最後還是需要面對退學的命運。我們全系老師都很努力在救這位學生，包括他之前去做課業輔導都缺席，但是還可以交出每週的報告。常常缺課、不來考試，甚至威脅女友若分手就對其不利之類，我們都努力輔導與協助，也請過家長來三次、電話聯絡不在此限。但是這位學生根本對課業無興趣，很誇張的是他可以參加早上七點的校巡隊，卻無法爬起來上下午的課。

最後與家長開誠布公說明，家長也同意讓他先去服役，體驗真正的生活考驗。還有一位學生是牧師之子，家長期待他可以有朝一日繼其衣缽，所以要他好好學諮商。但是學生在大一下就出現狀況，同學說他沉迷網路遊戲、作息日夜顛倒，與他家長通過幾次電話，希望家長可以讓學生去念自己喜愛的科系，而不是受困在這裡。只是家長很堅持認為自己的孩子應該可以順利畢業，要師長多擔待。然而這三年多的時間，我們所有人都努力讓他可以留在系裡，他卻不做任何努力，每每到學期末，我們這些老師都要互相照會一下說：「○○的成績打了沒？差多少會二一？」大家都想要讓他可以過關、不要傷父母的心，但是這麼幫忙了幾年他仍不見起色，最後我們一起商量認為「不能救了」，讓他自然發展，結果那個暑假我們十一位老師都收到那位家長的控訴信，他說我們枉為心輔系且見死不救，同仁也是很無奈、一陣唏噓！

TEACHER

第五篇

教育往何處去？

一、倦怠感

在大學教書十多年來，前一陣子發現自己在期中考後出現倦怠感，上課好像提不起勁，與同事分享自己的情況，她馬上就猜到說：「發現倦怠感越來越提早發生。」以往我明白自己喜歡變化的環境，也愛創新與挑戰，通常不會在一個地方待太久，因此博士班的三年進修是最久的。但是人總會有歸根的需求，來到這所大學，歷經了師院與教育大學的改制階段，我待得夠久了，前幾年還有出走的打算。後來是因為在地的感受與同事的情誼留了下來，也許就此終老。

在洪蘭與林火旺老師批判大學生的生態之前，我就已經進行了一個小研究，從資深教師與學生口中去了解目前大學生的生態與價值觀的轉變，也知道現在年輕一代的許多想法與之前世代相形之下是有許多差異的。可能因為現代的孩子競爭的對象是全球性的，不像以前只是少數的同儕；或許也因為少子化的緣故，家長們對孩子的教育不敢太過嚴格要求，甚至有變相的溺愛；加上傳統「文憑主義」迷思依然根深柢固，家長們從希望孩子上大學到目前的進入名校，讓孩子以為「唯有讀書高」、品行道德其次。現在學生族群其實挑戰了許多固有的觀念，他們不再相信「苦工」與「奉獻」，希望的是「快速」結果與「輕便」過程。在學習的領域上，這樣的思考其實就喪失了許多過程中的快樂與成就感。

在這十幾年觀察學生的心得，我發現學生要求的是「速食」，他們期待很快有自己想要的結果，也著重「搞關係」（所謂的「富爸爸現象」）。倘若結果不如預期（或不符合自己利益），會先歸罪給他人，不願意先承擔起該負的責任。以前在教學上，我都相信學生並且給第二次機會。後來我會思考有無必要性，因為許多學生即便給了他／她再一次機會，他／她還是不願意努力修正。例如：我們會給學生補考機會，但是有些學生「認為」他／她來補考就已經很了不起，老師應該「高抬貴手」，所以學生認為自己只要做到「來補考」，任課老師就「應該」讓他／她過關。也因此有些補考學生就是

「無備」而來，而最糟的是：他們也不在乎！

學生素質下降與考試制度有關。一則是因為大家幾乎都可以入學，所以不需要特別努力，只有那些要進前幾個志願的學生才會付出額外的努力；二則是有些學生早在二月以前就知道自己有學校可讀，所以比一般要「指考」的學生多了幾個月的「假期」，因此接下來只有極少數會為了自己將臨的大學生涯做準備，有許多人幾乎是渾噩度日。此外，許多有遠見的家長已經將孩子送往國外去進修，因為他們認為「培養國際觀」與「競爭力」是很重要的，而這些「外流人才」幾乎都是成績頂尖的學生。儘管學生的素質下降，我們都還可以承受，最不能忍受的是學生學習的態度，既消極、又不「受教」。學生有自己的意見當然是好事，可是當學生執著於「歪理」或是「偏見」，又不容許他人指正的時候，請問教育的功能要如何發揮？

讀書要靠自己，也要與人討論，這樣所學才不至於偏狹。然而我們見識到太多不願意下苦工、花工夫，卻又要求高分的學生。老師的要求，他們認為是「折磨」、「不必要」，但同時他們又想要「高分」、「老師的推薦信」。我寫推薦信是要看自己與這位學生的互動及平日觀察，成績不一定就是我想寫推薦信的原因，更重要的是「態度」。有一位學生從大學開始就與人不合群，我甚至懷疑她有心理疾病或人格上面的問題，但是她的成績很優秀，一路到博士班。只是我不禁要質疑的是：有朝一日這個人成為大學教師了，她除了做研究的能力之外，該如何勝任教育的工作？只是這似乎不是我可以控制或是處理的範圍，只好「讓她去」。

教學就是與人互動，可以傳承、可以學習。而教學本來是讓我覺得有成就、開心的工作，但是現在卻越來越沒有興味。去年我在學期中就感到疲累，以前這樣的情況是在期末才會發生，與同事聊天時他們也有同感。「是老了吧？」我說。

「不是，應該是累了、想退休了。」同事道：「現在這樣的感覺越來越強烈。」

二、教育豈可量化

國內大學在二〇三〇年之前會嚴重萎縮，許多私立學校若辦學不彰，可能面臨倒閉的命運，公立學校也會被裁撤。大學的目標變成「質精」而「量少」是正確的，然而有許多學校為了求生存，反而成為變相的「學店」，以產出文憑為目標，似乎與教育宗旨大相逕庭。只是教育部不問學校的特色與歷史，一概要求以同樣標準做評估，會加速消耗教師的體力與生命。

教育大學素以培育師資為目標，從師專時代開始就培養了許多優秀的教師。以前的師專學生素質是頂尖的，加上五年的教育氛圍的浸潤，很少在教學崗位上出現「狼師」或是「不良教師」，況且以往的教師是以「身教」為首要。然而教育部開放學程，固然鼓勵了不同領域與背景的教師，讓教育可以更多元化，但也讓教師品質不能適當控管。此外，少子化讓家長成為「怪獸」，許多的親職功能外放（如安親班、補習班、才藝班），師道之尊嚴受到嚴重考驗。國小老師有許多因為家長申訴，不能管教學生，而罹患憂鬱症。教師退休又受到各縣市財政的影響，不一定退得了，門外又有一大堆流浪教師想要擠進窄門，衍生了更多的問題需要處理。

教育大學裡的許多教師其實都是很好的「教學者」，只是現在政府要求我們要兼備「教學、研究與服務」，在心力的分配上就會出現許多問題。加上每位教師負擔的課沒有稍減，因此許多同仁在無法全部兼顧的情況下，只好擇一重心來專注，所以有人聚焦在教學，就無法顧及研究，而升等又需要有足夠分量的研究，往往也賠上了健康！我自己的眼睛也因為過度使用，產生病變。

二十多年前我念大學時，有些任課老師幾乎都不出現，只是讓教學助理為我們上課，而教學助理往往是正在念碩士班的研究生，教學乏善可陳之外，多半未能解答學生的疑惑。只是當時的學生都很認命，認為不懂是自己的事、得靠自己去解決，也因此即便我們自老師身上沒有學到許多，卻也養成了自己去找答案、與同學共同研商的習慣。

換作今日的學生族群，不像以往有刻苦耐勞的精神，許多時候都是等著老師「餵」知識，加上網路發達、資訊爆增，有些學生誤以為「資訊」就是「知識」，沒有運用自己的智慧與判斷力去辨識。有時候竟然願意去相信道聽塗說，也不願意接受教師有研究證明的理論。

教學當然不是知識的傳授而已，更重要的是「潛在學習」，也就是在可見的教學活動之外所達成的附加目標。像是國語文的教學，除了課文內容的理解，課文中所傳達的思考、意境，甚至是作者的處事態度與情操等，都可以隨著上課過程中師生的互動來達成。只不過現在一切都以「量」化方式評估，甚至還有所謂的「課程地圖」（在課程與職業能力之間劃上等號）的作法，讓許多時間與心力浪費在「作文」上面，缺乏真正的實質！我不是教育政策擬定者，只是每每接觸第一線的教育工作人員，會聽到許多基層的心聲，而這些聲音都不是執政者或是行政人員會聽到的，大家似乎都在粉飾太平以免受罰，這樣的鴕鳥心態不是國家社稷之福。

三、教育是良心事業

每一個行業的從事人員，都有基本的職業倫理與規範在約束，但是倫理只是規定了最低限度的行為，而不是最高的道德標準。因此，我們在同一個行業裡，會看到很棒的職員及得過且過的工作人員，教學這一行當然也不例外！有些教育者只是朝九晚五，把自己「該做」的事完成就好，一點也不多做，這樣子他/她還是可以生存，甚至過得很好；有些教育者會以更高的標準期許自己，因而會多花心思在學生身上，也讓自己的工作量更大，然而他/她卻可以從工作中得到心靈上的酬賞。我喜歡教學，也希望學生可以青出於藍，因此我不留一手，因為不必要、也不需要；我希望看到學生因為認真努力所獲取的扎實成果與自信心，以及在努力過程中所體驗的辛苦與甜美。

因為教學工作需要投注相當大的心力與時間，所以我們「備課」時間很長。而「備課」不僅是準備教科書的內容而已，還要閱讀新近的研究論文與理論、補足課程內容，另外也要回答學生可能的疑問。我上課時，希望每一年的進行方式都不同、內容有新的材料，也希望可以自學生身上學習到新的東西。如果同一堂課讓我覺得自己上得沒有新意、或是沒有收穫時，我就會考慮不上這一門課。學生給我的教學評價是：「很累，但是學習很多。」通常他們是在畢業之後才會有這些體會。

教學需要創新，可以有不同進行方式，也可以有不同的作業。每一學期上課之前，教師都必須要先做預習與準備，選擇適當的教科書、安排課程內容與作業。我初始上課時，至少規定五種作業，那個時候的學生也都沒有抱怨且可如期完成，但是目前作業已經降為三項，學生還是抱怨連連。他們都沒有想過：最後作業還是「回向」給我自己，因為我必須要批改與修正啊！對於不滿意的作業，我會退回要求學生重做（re-do），學生當然不高興。然而有時候他們（尤其是碩士班學生）需要投稿或是發表，還要我一修、再修，讓他們的錄用率增加，我總不能太輕忽吧！這樣一來，我的負擔加重，有時候連身體健康也賠上。

教育影響層面廣大，因此，教育當局、政策擬定者、與教育相關人員責無旁貸。教育者不是公務員，我們要做的不是最低規定的標準而已，而是能夠在自己的崗位上盡心盡力，讓以後的子子孫孫可以生而無憾、發光發亮！

四、教學是互動過程

我們的大學生「高中化」、研究生「大學化」已經不是新聞，學生素質降低，真正的好學生都到國外或是中國大陸去就學，留在本地的許多是受到經濟能力的限制使然。大學生剛脫離高中生活，許多的習慣還沒有做修正，連學習也極為被動、不知道如何去找資源。我常常跟學生說：「你們要真正做『大』學生。」因為「大」學之所以為「大」，主要是因為它提供學生更多的資源與經驗，但是這些資源與經驗也都需要學生自己願意主動、積極去探索與冒險，要不然也不會主動送上門來。

大學生或研究生上課，通常是沿襲以往的求學習慣，只是呆呆坐著，好學生最多做到預習或複習，但是在課堂上是沒有帶著思考的腦袋來，所以沉默、沒有問題是「常態」，但是這樣老師又如何得知學生了不了解？許多老師只好以傳統的「考試」方式來檢視成果，偏偏這是學生抱怨最多的，而評量是否有效也待評估。我要求學生要先做預習與找資料的工作，然後將問題帶到課堂上來；在上課過程中，我也會提出我的問題來做交流。我告訴學生：「在大學裡，你們從彼此身上學到的最多，而不是從老師身上，老師也要從你們身上學習，這才是『教學相長』。」學生若不發問，老師就可以提問，老師提問不是「找學生麻煩」，而是希望知道學生了解多少？哪些資料需要補充？

上一學期，有位同仁上研究生的課，學生直接在課堂上挑戰老師說：「妳就是不知道，是吧？」後來每每上課就會以語言挑釁教師，接著學生不知從哪裡得來消息，發現碩三實習依然是這門課老師上，就直接去找系主任要求更換教師，系主任竟然順應學生要求，要我帶這一班。我當時直接與系主任討論，認為此風不可長！我不是說教師不能挑戰，教育的工作本來就是先學覺後學，而我們是先死在沙灘上的前浪，但是教學相長理應基於尊重。那位同仁後來還為了平撫學生情緒，特別買了有名的麵包去安慰學生，而該帶頭起鬨的學生竟然說：「老師也進步了！」我們做的是諮商師培育的工作，未來的助人專業者是這樣的德性，我們還期待什麼？當然這位學生的「習性」依然。

後來上我的課，我在個案報告作業上請同學加一個晤談逐字稿，這是基本功，而該名學生馬上回應說：「我的當事人不願意錄音。」我想只是她一位就算了吧！而當其他同學交了逐字稿作業時，她又來一封信說：「老師前後不一、反覆。」我後來想想：的確！這一封信提醒我只豁免她一人，對其他同學不公平，於是就改成「選擇性」的作業。絕大部分同學還是交了作業，而我也很細心看他們的逐字稿並給予評論。每個人有自己的選擇，當然也應該負起責任！該生不願意多做，我也就不必要去多看一份作業。這就是我說的：如果你不在乎，誰在乎？

五、要求教師的責任有別

教育大學的老師許多是科班出身（也就是本身學教育、或擔任過教職），但是現在新進人員已經不限於此。有些老師儘管拿到博士學位，但是不一定會教書。如果大學教師被賦予教學、研究與服務（學生與社區）三項任務，許多老師都不可能兼顧，因為這些任務都需要時間，彼此壓縮的情況下，老師也只能擇一或二項來努力。加上教育大學老師教學負擔都太重（每個人要上三堂以上的課），如果再認真做研究或是服務，連家庭生活與休閒娛樂都要犧牲掉，也因此有些老師根本就放棄了升等的考量。

以美國為例，大學基本有三種型態，每一種型態的重點不同、發展亦異。有所謂的研究型、教學型與社區大學，每一種類型的教師均有不同的任務。因此在研究型大學裡的教師，授課時數少（通常一週只有三小時）、研究時間多，還配有一至二位研究助理或教學助理。反觀國內，所有大專院校的老師都被要求要兼顧教學、研究與服務，當然就力不從心！

六、教育目標不是民粹

雖然現在教育部設立了對大學的評鑑制度，卻因為沒有區分不同大學型態與重點（如教學型、研究型或社區型），只是用統一的標準來評估，不僅有失公平，也讓許多大學原本的優勢喪失。我們擔任教育工作，本來就不是以賺錢為目標。但是現在許多大學都要求「一流」水準，教師的工作項目卻無優先或輕重之分，怪不得許多大學老師不是過勞死、有情緒疾病，就是乾脆不處理、任其發展。

許多學生的學習態度與生命理念是有問題的，這些也都在大學課堂上與生活中呈現，但是應對進退不應該是大學教育的目的啊！學生這樣的表現，是不是值得我們去省思教育的目標與作法是不是適當？許多擬定教育方向與政策的官員們，其根底還是以

「文憑」主義為上，對於教育真正要達成的目標沒有理想，也沒有擔當。只是一味朝著民眾想要的去做，這不是將國家前途晾在不穩固的繩索上嗎？教育應該要還給教師該有的專業與尊重，不是將小學教師當作傭人或是安親班老師，也不是將國、高中教師當成升學主義的工具，更不是將大學教師當成畢業文憑的「橡皮圖章」。一國的教育要與其發展一同脈動，也要有高瞻的理想與方向，才可能引領國家、社稷與人民過更好的生活。

最近看完一本有關芬蘭教育改革的書籍，特別有感觸。該文提及芬蘭教改的重點有：好人才都去擔任教職、教師必須具有碩士級以上學位且有研究能力、在芬蘭教師是神聖受尊敬的專業。反觀我國的發展，似乎是反其道而行，雖然教師的學歷提升了，但是與專業成長無正相關，加上教育決策單位迷信外在的評估標準，也讓教師大大失去其專業自主性。

國家圖書館出版品預行編目資料

這樣當老師：是那些老師和學生教我如何當老師的／邱珍琬著. --初版. --臺北市：書泉, 2017.05
面；　公分.
ISBN 978-986-451-090-0（平裝）
1. 教育　2. 文集
520.7　　106004400

3IDN

這樣當老師
是那些老師和學生教我如何當老師的

作　　者 — 邱珍琬(149.29)
發 行 人 — 楊榮川
總 編 輯 — 王翠華
主　　編 — 陳念祖
責任編輯 — 李敏華
封面設計 — 陳卿瑋
出 版 者 — 書泉出版社
地　　址：106台北市大安區和平東路二段339號4樓
電　　話：(02)2705-5066　　傳　　真：(02)2706-6100
網　　址：http://www.wunan.com.tw
電子郵件：shuchuan@shuchuan.com.tw
劃撥帳號：01303853
戶　　名：書泉出版社

總 經 銷：朝日文化事業有限公司
電　　話：(02)2249-7714
地　　址：新北市中和區橋安街15巷1號7樓

法律顧問　林勝安律師事務所　林勝安律師

出版日期　2017年5月初版一刷
定　　價　新臺幣300元